Léa Chauvel-Lévy

Simone

Éditions de L'Observatoire

ISBN : 979-10-329-2124-1
Dépôt légal : 2021, août

170 *bis*, boulevard du Montparnasse, 75014 Paris

À lui

Première partie

De son histoire avec Voldemar, il restait une tache de sang.

Un oiseau tapa de son bec au carreau. Simone se réveilla en sursaut, elle avait transpiré. L'anesthésie faisait toujours effet, elle ne sentait pas encore ses jambes bouger sous elle. La moitié basse de son corps semblait morte, inerte. Elle avait froid. Les draps à tordre glissaient, visqueux. Ils étaient brunâtres par endroits et laissaient entrevoir quelques caillots. Elle souleva la couverture et regarda ses cuisses, comme pour vérifier que tous ses membres étaient encore là. Le goût du vide lui était insupportable. Claudine, la faiseuse d'anges, était venue tôt ce matin pour retirer la tige qu'elle portait depuis deux jours. Une tige souple, métallique, qui avait décollé l'œuf de son utérus et percé la poche amniotique. Ses parents ignoraient tout. Elle avait quitté l'appartement familial pour dormir chez Bianca pour trois nuits.

Elle avait vingt-trois ans, elle risquait la prison. L'avortement était passé du délit au crime. L'opération avait été rapide, clandestine. Le curetage lui avait causé de grandes douleurs sourdes. Claudine avait eu des mots doux. Simone se souviendrait toute sa vie de sa voix tendre.

Simone, effrayée à la vue du sang, poussa un gémissement presque bestial semblable à la dernière complainte d'un chien avant de mourir. Voldemar entra, devancé par son effluve. Elle flairait les gens à cent mètres, elle était comme ça. Des intuitions de celles qu'ont les animaux. Sans un mot, il s'assit sur son lit et la serra à lui en couper la respiration.

– J'ai l'impression d'avoir été amputé d'un membre, déplora-t-il.

Elle aurait eu besoin de son soutien, d'un semblant de maîtrise de sa peine, qu'il dissimule son chagrin pour lui servir d'attelle. À la place de quoi, c'était la parabole des aveugles, il l'entraînait dans le fossé des âmes meurtries.

– Je vais rentrer, sagement, au domicile parental, dans cet appartement que j'ai déserté, et je tairai tout, ils ne sauront rien, personne ne saura rien.

Quelques heures plus tard, elle fit son sac, la gorge serrée. Claudine avait eu un dernier mot :

– Au début, on n'éprouve rien, on est sonné, mais la tristesse des avortements est pernicieuse, elle se déclare après coup.

Des millions de femmes avaient avorté en cette année 1920, lui avait dit Claudine pour la rassurer. Pourtant, jamais Simone n'avait ressenti plus grande solitude. Voldemar, qu'un programme d'échange avec la Sorbonne allait éloigner d'elle, partait pour les Amériques dans deux jours. Elle anticipait le manque. Elle allait rester seule, avec son secret, avec son ventre vide. Elle n'était plus que contours. Elle avait interdit le souffle à un être. Étouffé, mordu la vie à son commencement. Elle se figurait son intérieur comme une béance blanche. Un accident. Cela avait été un accident. Dans une autre vie, elle l'aurait gardé. Mais hors mariage, impensable. Elle avait choisi de le cacher à ses amis, de peur que cela ne remonte aux oreilles de ses parents. Elle était silence, arrachée à elle-même et bientôt à l'être aimé. Elle savait qu'elle garderait de cet épisode un souvenir détestable qui se tiendrait à ses côtés toute sa vie. Ou plutôt derrière elle, comme un fauve, prêt à surgir de l'obscurité à n'importe quel moment de désarroi. Désormais, elle craindrait toujours que ne refasse surface ce monstre et qu'il dispose d'elle comme d'une victime.

Dans sa détresse, elle ne pouvait plus tenir loin un autre souvenir, encore vivace, qui avait regagné du terrain depuis quelques jours. Comme si ce fauve-là avait attendu qu'elle baisse sa garde, s'affaiblisse, pour mieux lui sauter à la gorge.

À treize ans, sur une route de campagne alors qu'elle allait chercher à vélo du pain au village, une ombre s'était approchée pour bientôt la dépasser. Elle avait senti une proximité menaçante. Mais il avait continué à pédaler. Puis s'était arrêté, net. Il l'avait attendue, pied à terre, et à mesure qu'elle roulait, elle voyait se préciser ses traits. Aujourd'hui encore, elle se souvenait de son rictus, de sa bouche entrouverte et des mots qui s'en étaient échappés.

– Viens par là.

Elle avait regardé le sol et foncé droit devant elle, avant de tomber et de s'égratigner le genou droit. En une fraction de seconde, il était sur elle. Son poids avait laissé une empreinte indélébile sur son corps et dix ans plus tard, elle sentait encore cette masse s'appesantir. Il avait arraché sa culotte, avait glissé sa main rugueuse sous sa jupe et l'instant d'après il était en elle. Elle n'avait ni hurlé ni crié. Deux minutes plus tard, elle s'était relevée, et elle avait senti un liquide visqueux couler entre ses jambes. Au loin, sur son vélo, il était cette silhouette horrifiante. Elle avait vomi sur elle. Mais elle avait continué son chemin jusqu'à la boulangerie, avait acheté deux baguettes et était rentrée en passant par la porte de derrière, pour ne pas se faire remarquer. Au premier étage, elle avait nettoyé le vomi qui avait commencé à durcir sur son chemisier de flanelle. L'odeur était acre et acide. Puis elle était redescendue, la tête bien sur les épaules. Le cœur lourd comme une stèle bretonne.

Le soir, elle trembla pendant de longues heures et le lit trembla avec elle. Les murs, froids, l'effrayaient, ils semblaient se rapprocher d'elle pour la réduire à néant. Et la silhouette revenait sans cesse pour s'abattre sur elle. Ce soir-là, elle comprit ce qu'était un bourreau.

Tous les ans, à la même période de l'année, Simone rechutait. Au creux de l'été, alors que d'autres perlaient de bonheur, elle tombait dans un trou et rien ne pouvait l'en sortir. Elle dormait d'un sommeil confus et délirant. Pendant ces terreurs nocturnes, il lui arrivait de pousser des cris de détresse sauvage. L'avenir lui apparaissait alors comme son pire adversaire. Tenir debout lui était impossible. On faisait chaque fois venir le médecin, mais il demeurait incapable de poser un diagnostic sur le mal qui rongeait la jeune fille. Les matins la heurtaient de plein fouet. À son chevet, sa mère, infiniment magnanime, lui portait un bouillon que Simone jetait discrètement par la fenêtre. Elle s'émaciait, se vidait. Au fil des jours, les miroirs lui renvoyaient l'image d'une inconnue. Son corps fantomatique traversait le salon une fois par jour pour aller guetter la cohue de la rue. Aveuglée par la lumière, elle regagnait quelques minutes plus tard sa chambre, emportant avec elle un peu de vie que ses rétines avaient fugacement imprimée. Son père lui déposait sur le front des baisers chauds au goût de biscuit. Ce rituel et la rue étaient à eux deux les seuls sursauts d'apparente légèreté de ces journées blanches. Le pire, quand elle s'engouffrait dans ces profondeurs, était de ne plus rêver. Son cerveau lui semblait devenir du mortier, épais. Rien de l'extérieur ne pouvait plus y pénétrer, pas même les sons. Alors, elle se faisait violence et jouait quelques notes sur son piano pour faire persister le bruit du monde. Les accords la rappelaient jour après jour sur terre et, pas à pas, elle retrouvait l'équilibre.

* * *

Quelques heures après avoir quitté Claudine, Simone glissa la clé dans la serrure, avenue Niel, et se laissa aussitôt tomber sur le fauteuil près du piano noir et raide. Sa mère, qui avait entendu grincer la porte, vint la trouver.

– Tu as fait bon séjour chez Bianca ? Tu as l'air épuisée, veux-tu un thé ?

Trop épuisée pour refuser, Simone accepta la tasse offerte par sa mère et se brûla en la portant trop vite à ses lèvres.

– On a tellement fait les folles ! C'était grisant, mais je ne rêve plus que d'une chose : mon lit.

Elle posa une main froide sur l'épaule de sa mère avant de se retirer dans sa chambre, le cœur plus lourd encore de ce mensonge tout juste proféré. Dans le couloir, son regard s'arrêta sur un portrait d'elle plus jeune. Elle contempla quelques secondes l'air doux, les pommettes saillantes, les lèvres ourlées et le regard impénétrable de cette petite fille qu'elle n'était plus. Elle s'endormit profondément et rêva qu'elle était devenue mère.

La température était étrangement basse ce matin. La brise se glissait entre les os. Le soleil n'avait pas encore gagné la rue et volait au-dessus des immeubles. Avenue Niel, Simone marchait d'un pas hésitant, aussi frêle qu'une feuille au vent. Au *Procope*, les tables étaient encore vides. Elle observait les hommes sortis trop tôt de leur lit et fut prise d'un vertige : elle était sans chair. Toute sa vie, elle avait eu l'impression que les parois de son être étaient friables, trop légères pour exister et désormais, cela lui paraissait plus net encore : elle n'avait pas assez d'elle-même. Aujourd'hui, dans le tumulte de ses angoisses, elle s'était donné pour mission d'écrire à sa cousine Denise. Elle lui manquait à lui en serrer le cœur. Depuis quelque temps, elle lui écrivait chaque jour. Elle se jetait ainsi dans le monde par l'écriture, se sentait vivante sous sa plume. Ce matin, elle lui demandait de bien vouloir l'accueillir à Sarreguemines, « cet adorable petit trou lorrain ».

Son ventre brûlait d'angoisse. Et la tristesse, quand elle n'est pas autorisée à jaillir, se multiplie par la tristesse. Un voile entre elle et le monde obscurcissait son esprit et la vision qu'elle avait d'elle-même.

À 20 heures, elle arriva au *Certa*, passage de l'Opéra, le bas filé. Elle s'était forcée cent fois à sortir, se traînant par la manche pour éviter de macérer dans l'air devenu irrespirable de sa chambre. Elle espérait trouver dans une séance dada un peu de sève et de réconfort intellectuel. Tous ses amis ne juraient que par ces réunions, n'en manquant pas une. Mais ce soir, elle préféra y aller seule. Sur les murs de la ville, elle avait vu apparaître des « papillons », de la publicité où l'on pouvait lire des définitions du mot Dada. Elle en avait même un chez elle, punaisé au-dessus de son lit. En capitales, pour souligner plus encore l'urgence et l'importance du message, était imprimé : « DADA NE SIGNIFIE RIEN... »

Un homme moustachu qui paraissait avoir cent ans malgré son jeune âge monta sur une table bancale et déclama en mauvais orateur, pas avare en postillons :

– Lautréamont a tout compris : « La poésie doit être faite par tous. Non par un ! »

Foutaise, pensa Simone. Un homme derrière un texte et c'est bien assez. On lui demanda de distribuer des affiches. Des fadaises : *Dada soulève tout. Dada connaît tout. Dada crache tout. Le ministère est renversé. Par qui ? Par Dada.* Elle refusa. Ils portaient tous des masques ridicules. Un certain Janco les avaient confectionnés. On lui en proposa plusieurs, elle n'en choisit aucun. Comment se faisait-il qu'autant de personnalités intéressantes deviennent, une fois réunies, aussi risibles ? Elle les méprisait, mais elle venait pour *comprendre* l'objet de son dédain. Sa franche détestation tenait sans doute largement au fait qu'elle n'aimait pas celui qui animait les séances : Tzara, un séditieux anarchiste, un Roumain, avait-elle appris par ses amis, qu'elle ne réussissait pas une seconde à prendre au sérieux. Son rire, un rire aigu de voix de tête, l'horripilait. Il avait un regard noir, l'air un peu rosse. Toujours une cravate qui gondolait et une chemise pas repassée pour se donner l'air frondeur. Que pouvait-elle attendre de ces personnes qui se disaient « négativistes » ? Ils refusaient l'idée du progrès, se définissaient comme des « râleurs littéraires » et s'écriaient à tue-tête qu'ils désiraient abolir le désir. Avec, pour seule devise, la provocation immotivée. Ce qui, au mieux, amusait Simone ; au pire, l'agaçait.

Au fil de la soirée et d'une discussion avec l'un d'entre eux, au fond de la salle, elle adoucit son jugement : ils se réunissaient pour outrepasser la guerre qui avait émacié l'Europe. Neuf millions de morts. Huit millions d'invalides. Les essais littéraires étaient une tentative de réponse aux bombes qui avaient explosé. La guerre était partout et courait entre les lignes, mais ils n'en parlaient jamais directement. C'était un principe qu'ils s'étaient donné. La guerre était devenue la grande absente de leurs textes, mais, insidieusement, elle les régissait.

– Vous voyez Barbusse à qui l'on doit *Le Feu*, prix Goncourt il y a quelques années, vous vous en souvenez ? lui demanda Tzara, presque aimable. Eh bien c'est tout ce que nous ne voulons pas, ces grands récits réalistes sans réserve !

Mais il fallait les comprendre, peut-être, les écouter, leur donner une chance de la convaincre. L'anéantissement des valeurs les avait dissolus, il fallait rire maintenant ! Mais, sans doute, ne savait-elle pas. La tirant de ses pensées, un jeune homme s'avança vers elle, la cigarette aux lèvres.

– La pataphysique, ça vous dit quelque chose ? Eh bien nous en sommes le prolongement, amusez-vous un peu, laissez votre sourire crispé au vestiaire.

Elle se laissa entraîner au comptoir.

Tout avait commencé – Simone l'avait su par son amie Colette qui s'intéressait de près à ces réunions – à Zurich, quatre ans plus tôt, autour du *Cabaret Voltaire* qui drainait avec lui une faune interlope d'artistes révoltés. Créé par un certain Hugo Ball, le traducteur de Rimbaud, le Cabaret avait dû fermer six mois après son ouverture après d'innombrables descentes de police. Aux murs - car ils n'avaient pas un kopek -, ils avaient accroché les tableaux de leurs amis Modigliani, Picasso, Matisse. Du premier, elle se souvenait d'avoir vu une toile qui l'avait marquée au salon de la Société des artistes indépendants. Elle en retenait des figures féminines, dénudées et lascives au bord de l'eau. Elle avait aimé cette huile ou plutôt sa subversion. Elle posait nue, elle aussi, pour son ami le peintre Jean Domergue qui disait trouver en elle un physique divin, suffisamment pour en faire le sujet de plusieurs de ses tableaux.

Cet objet théorique avait peu à peu gagné d'autres villes ; d'abord Zurich, New York puis Berlin, et plus tard Paris, grâce à Tzara qui s'y était installé. Ce même Tzara à qui l'on devait un manifeste dada ayant fait grand bruit jusqu'à Paris.

Il était tard, la nuit était tombée et avec elle sa cape brune. Sur le chemin du retour, Simone parlait seule. Tzara l'avait agacée. Son poème *Le Géant blanc lépreux du paysage* l'avait étourdie de maladresse. Lors d'un passage bouffon, il s'était écrié « les bateaux nfoùnfa nfoùnfa nfoùnfa je lui enfonce les cierges dans les oreilles ». Elle ne se souvenait plus de la suite mais c'était un amphigouri qui l'avait copieusement excédée. Suffisamment pour se demander si elle y remettrait les pieds. Ils parlaient tous trop fort, à l'en décourager d'écouter. Elle avait été déçue, comme lorsque le fantasme laisse place, trop vite, à la réalité.

Il est de ces journées où l'on sait que quelqu'un entrera dans votre vie par une porte dérobée du hasard. Il lui fallait s'activer, déserter ce canapé qui portait la marque de sa trop longue présence. Regarder autour ce qui ferait écho à son existence. Trouver en soi la caisse de résonance du monde. Sa mère lui tira le bras.

– Lève-toi, il fait jour depuis trois heures. Viens au cinéma avec moi, j'ai envie de voir *Béranger*, du grand Sacha Guitry paraît-il, avec une Yvonne Printemps parfaite dans le rôle de Lisette !

Simone, les yeux dans le vague, ne lui répondit pas. Elle comptait les heures qui lui restaient avant de se coucher. Cet après-midi elle irait se promener au jardin du Luxembourg, retrouver Bianca et son compagnon, Fraenkel. Mais avant, elle devait étudier le piano. Et ne pas reproduire la cacophonie de la veille. « Il y a ceux qui jouent du piano et ceux qui les déménagent », lui avait dit un jour sa mère. Mais elle s'ennuya vite, devant ces touches qui semblaient refuser de se plier à la moindre mélodie. Les allées du jardin l'appelaient à présent. Elle retrouva ses amis accompagnés d'un homme dont elle remarqua, avant même de s'attarder sur son visage, les cheveux tirés en arrière et le costume croisé.

– Simone, tu n'as jamais rencontré mon ami André Breton ? lança Fraenkel dans l'air comme un caillou.

Ils occupaient tous les deux les mêmes bancs en médecine. Non, elle ne l'avait jamais rencontré, lui et ses cheveux tirés, lui et son costume croisé. Mais elle avait déjà entendu parler de lui et l'avait même aperçu deux mois plus tôt à la Galerie Bernheim lors du vernissage de l'exposition de gouaches de Max Jacob. Elle l'avait croisé de nouveau quelques jours plus tard à l'exposition de Georges Ribemont-Dessaignes, qui avait exposé quelques toiles pas très heureuses au *Sans Pareil*, avenue Kléber. Elle avait gardé de ces tableaux un souvenir épouvantable et le lui confia. Comment cela ? Elle n'avait pas succombé au charme de ce qu'il avait qualifié de « cours d'élevage de cigarettes microcardiaques et d'alpinisme électrique » ? Non. Simone et Breton allaient tous les deux aux séances dada, quelle chose étrange qu'ils ne s'y fussent pas encore croisés.

– Je ne suis pas une dadaïste, pire, je déteste les Dada, voulez-vous quand même m'adresser la parole ? l'invectiva Simone.

Il rit, en faisant mine de tourner les talons. Il portait la raie à droite, une cravate qui lui serrait le cou et semblait le tirer vers l'arrière. Sa lèvre penchait sur le côté droit, ses paupières tombaient un peu et ses yeux, deux billes noires statiques et fixes, lui donnaient l'air halluciné d'un hibou aux premières heures de la nuit. De la main droite, il tenait une cigarette, de la gauche un livre dont le titre était masqué par sa main, longue et fine. Simone posait toujours en premier son regard sur les mains de ceux qu'elle croisait, avant même de s'attarder sur les visages. Elle n'osait pas soutenir le regard d'André. Sa stature imposait le respect et forçait l'admiration avant même qu'il n'ait eu besoin d'ouvrir la bouche. Elle rompit le silence en se risquant à lui demander ce qu'il tenait sous le bras. *La Prisonnière*. Il relisait les épreuves de Proust pour le compte de la Nouvelle Revue Française. Il lui expliqua qu'il y avait un rôle administratif qui ne lui seyait guère mais qu'il fallait bien, avait-il soupiré, remplir ses poches pour ne pas se reposer sur ses parents, qu'il mettait déjà largement à contribution. Elle lisait quant à elle le tome quatre *Sodome et Gomorrhe* dont elle avait retenu une phrase qu'elle se plut à lui restituer, de mémoire : « Peut-être chaque soir acceptons-nous le risque de vivre, en dormant, des souffrances que nous considérons comme nulles et non avenues parce qu'elles seront ressenties au cours d'un sommeil que nous croyons sans conscience. » Or, le sommeil jamais n'est sans conscience, il est cette lanterne qui au matin éclaire tout sur son passage, les mots, les idées, les désirs. Il est un cadeau que l'esprit se fait à lui-même. Il l'écoutait. Elle sentait son regard se poser sur sa nuque. Elle vit l'heure, s'excusa, elle était affreusement en retard. Sa mère devait déjà l'attendre au *Bazar de l'Hôtel de Ville*.

***

Le ciel était pommelé, la luminosité très forte et le sol un peu chaud. Elle eut envie de piscine, de grosse chaleur, de chaises longues colorées, et même de coups de soleil. Elle en avait si follement envie qu'elle en convoqua les sensations. Elle était seule, front brûlant, jambes croisées, assise sur le sable, un livre ouvert sur sa poitrine. Devant elle, Breton. Cette pensée la surprit. Breton ! Il était revenu à son esprit comme une lente et intrigante réminiscence. Elle chassa cette vision importune et prit la direction de l'Hôtel de Ville. Elle avait lu dans *Le Populaire* du matin qu'il y avait d'importants rabais sur les crépons unis, le satin grenadine et la lainette. Et puis, elle voulait se trouver une casaque pour cet hiver. Elle repensa à Breton, à leurs échanges. Comme souvent, elle se sentait avoir été creuse et aurait beaucoup donné pour rejouer la scène et paraître plus futée. Comme pour se consoler, elle eut envie de voir Voldemar qui ne rentrait que dans six mois et que l'absence rendait plus désirable. Les absents ont toujours tort, a-t-on coutume de dire. Au contraire, il lui apparaissait qu'ils étaient forts car gonflés d'une puissance propre à l'attente qu'ils occasionnent.

Breton avait demandé à la recroiser. Fraenkel avait passé le mot à Bianca qui le lui avait à son tour répété. Le revoir et ne pas le décevoir. Elle avait pris soin de s'habiller sobrement pour ne pas afficher qu'elle s'était apprêtée pour lui. Pas de rouge à lèvres, hors de question. Un gilet fluide, un chemisier d'une transparence parfaite. Ni trop ni pas assez. Suffisamment pour montrer sans dévoiler, cacher sans dissimuler. Elle était gracieuse, et le savait, on lui avait toujours dit.

Simone avait les mains inhabituellement moites et froides malgré la chaleur. Elle allait vers l'inconnu qui lui était déjà un peu familier. Un type futé la rejoignait dans les allées. C'était tout. Voldemar revenait dans six mois, ce qui était trop peu pour qu'elle s'intéressât à un autre garçon, et bien trop pour qu'elle l'attende sans rien imaginer d'autre. Près de l'Orangerie, au jardin du Luxembourg, elle retrouva Fraenkel et Breton. De loin, elle aperçut leurs deux silhouettes comme on entraperçoit son destin foncer droit vers soi. Son cœur battait à une cadence inattendue. Les pulsations remontaient jusqu'à ses tempes, sans qu'elle puisse en contenir l'intensité. Elle s'en étonna. Elle eut l'impression d'être dos à elle-même, mise à l'écart de ce qu'elle vivait. Franchissant les derniers mètres qui la séparaient de Breton, elle surprit les deux amis en pleine conversation sur la différence entre *aimer* et *tenir à*. Simone saisit au vol la discussion, faisant sien le sujet en un temps record.

– Tenir, c'est posséder quand aimer se veut désintéressé. Il ne faut pas relire Platon deux fois pour s'en rendre compte.

Elle expédia le débat, le sourire aux lèvres, bien consciente de son petit effet. De ses deux années d'étude de la philosophie pendant lesquelles elle avait brillé, elle avait retenu *Le Banquet* presque par cœur.

– Platon nous guide bien, dit-elle d'une voix posée, on y revient toujours.

Breton la regardait à travers des lunettes qu'elle n'avait pas remarquées lors de leur première rencontre. Cela lui donnait un air sérieux et estudiantin. Cela aurait pu le vieillir, c'était l'opposé. Il n'avait que vingt-quatre ans.

– Je n'ai jamais aimé Platon, asséna Breton. Il m'ennuie à mourir. Je n'ai pas honte à le dire, il me tombe des mains ! Je déteste les textes didactiques. Je sauve *Phèdre*, si vous insistez et j'aime assez la façon dont Socrate affirme que l'amour a un effet négatif sur l'amant. Je me reconnais bien là-dedans. Pour lui, enfin dans le souvenir que j'en ai, aimer c'est devenir fou, et j'en conviens plutôt mille fois qu'une. Je n'ai jamais aimé sereinement, moi, j'ai toujours eu un fichu mal à aimer simplement.

Il tapota lentement sur le dos de son livre. Et, parce qu'il était loin d'avoir terminé d'exposer son point de vue, il poursuivit.

– Je préfère la poésie à la philosophie, je crois. Et cette abêtissante manière qu'il a de mettre en scène de faux dialogues...

– Mais c'est l'ancêtre du théâtre ! rétorqua Simone. Il n'y a pas plus belle façon de raconter le monde que de le faire jouer par des personnages. Et puis franchement, si vous ne voyez pas la sève poétique dans ses textes, alors je ne peux rien pour vous...

Il sourit, lui donnant raison du regard. Fraenkel n'avait pas eu envie de se joindre à la conversation et s'était installé sur un banc pour lire. Simone, amusée, l'interpella.

– Dites-le-nous si on vous dérange.

– Ah non, au contraire, je suis à l'abri ici ! Je n'ai pas d'avis sur Platon, j'y ai prêté attention comme on prend des nouvelles d'un lointain cousin. Je ne me suis jamais penché sur son cas.

– Je n'aimerais pas être votre cousine ! plaisanta Simone. C'est bien gentil tout ça mais j'ai une vie, s'écria-t-elle brusquement en leur faisant aussitôt signe de la main.

Toujours face à eux, elle s'éloigna sans les quitter des yeux, avant de se retourner et disparaître derrière un arbre. Seule, enfin, elle souriait. La chaleur était un peu retombée et avait laissé place à une fraîcheur timide. Alors qu'elle marchait d'un pas léger, les immeubles défilaient comme de grands fantômes, la lumière vespérale commençait à caresser les façades. À présent, le soleil glissait lentement dans la Seine et des reflets gris foncé se formaient comme un théâtre d'ombres chinoises sur les murs de la ville. Elle s'était toujours étonnée du fait que les bruits n'étaient pas les mêmes le jour et la nuit. Les hommes parlent plus bas le soir. Ils ne veulent pas déranger le silence. Elle n'avait pas faim, ne dîna pas et dormi de ce sommeil qui suivent les grands bouleversements.

Au petit matin, sa mère vint toquer à sa porte de trois petits coups reconnaissables – son père ne frappait jamais, lui, et entrait, intrusif, sans préavis. Voldemar lui avait écrit une longue lettre pleine d'espoir et de promesses. Qu'avait-elle à lui répondre ? Comment lui expliquer qu'elle avait rencontré quelqu'un avant même de savoir si ce quelqu'un allait devenir un amant. Il fallait en convenir, l'homme à lunettes prenait de l'importance et devenait cette toile de fond qui teintait d'une couleur particulière cette période de l'année. Elle pensait à Voldemar, puis à Breton. L'un était loin, l'autre pas encore là. Et comme s'ils se furent concertés, Breton se manifesta aussi. Un paquet, rigide et épais, l'attendait sur son lit défait. Son cœur précéda ses mains, elle déchira l'enveloppe d'un grand coup. Il lui avait envoyé *Les Champs magnétiques*, écrits avec Soupault, en six jours la mettait-il en garde, très inspirés par *Les Chants de Maldoror*. Cadeau inespéré venu presque trop tôt pour qu'elle le réalisât. Il avait donc pensé à elle.

Elle se prépara lentement et descendit l'escalier, savourant chaque marche vers ce qu'elle croyait être un nouveau destin. Comme pour prolonger ce sentiment d'allégresse, elle avait envie de prendre un petit-déjeuner, seule, pour regarder passer la vie douce qu'elle se souhaitait. Voldemar lui manquait gentiment. Son souvenir l'accompagna jusqu'au premier café où elle rentra. Le croissant était sec, le café trop noir. Elle se leva, laissant derrière elle une tasse à moitié vide et le croissant presque inentamé. Rendez-vous manqué. Rien n'y faisait, même lorsqu'elle pensait à Voldemar, ou plutôt décidait d'y penser, les éléments semblaient se liguer contre lui. Le soleil n'avait pas encore percé. Les commerces ouvraient les uns après les autres. Il fallait à présent remonter à l'appartement voir si Mme Volmont, sa professeure de piano, était arrivée. Elle avait l'habitude de l'attendre toujours sur la même chaise, dont l'assise, molle, semblait retenir celui ou celle qui s'y asseyait. Elle était bien là, fidèle à son poste, droite comme un garde anglais, le nez plongé dans un livre. Elle avait l'air d'une vieille nourrice trop sérieuse pour s'autoriser un sourire. Elle se leva, soupesa les partitions éparpillées çà et là et fit signe à Simone de s'asseoir. Simone, obéissante et plutôt bien lunée aujourd'hui, s'exécuta, non sans devoir d'abord prévenir sa professeure, d'un regard implorant, qu'elle n'avait pas travaillé. Mais qu'avait-elle bien pu faire tout ce temps ? Elle-même se le demandait. Elle se bagarrait si fort avec le temps. La valse de Chopin lui jouait des tours, les croches, trop nombreuses, imposaient un rythme que ses doigts ne pouvaient tenir. Et puis, l'image de Breton courait sur le clavier, persistante et invasive. Tout allait si vite. Elle voulait tout comprendre de l'ordre des choses sans pourtant les avoir vécues. Elle avait toujours voulu se devancer elle-même. Elle se sentit soudain tout à fait découragée. Madame Volmont le comprit et lui mit la main sur l'épaule en signe de réconfort.

– Vous connaissez la moitié de la valse en *la* mineur, ce n'est pas rien, lui dit-elle d'un ton amical.

– La moitié, c'est bien le problème ! Je déteste les moitiés, ce sont les plus décourageantes.

La leçon terminée, toutes deux redescendirent sans parler. La cage d'escalier dégageait toujours la même odeur, un mélange de cire et de poussière logée sous ce tapis qui courait le long des étages comme un serpent fatigué. Dans l'entrebâillement du lourd portail, elles échangèrent un baiser chaleureux et se donnèrent rendez-vous la semaine suivante. Simone fut saisie d'un vertige, où allait-elle se réfugier maintenant ? Elle prit machinalement la direction des bonnes œuvres. Elle passa deux heures à la Croix-Rouge, aidant à faire du tri dans un nouvel arrivage. Les vêtements qui jonchaient le sol en lino orange s'entassaient comme de vieux chiffons tristes. Elle fut soudain contaminée par cette vision et n'eut plus envie de rien. Comme souvent quand elle sentait le cafard lui sauter au visage, elle tenta de penser à elle petite, une enfant très gaie selon les mots de sa mère. Au fond, elle se raccrochait à des souvenirs qui n'étaient pas les siens. C'est à cela que servent les légendes familiales, faire revivre éternellement aux enfants ce qu'ils ont enfoui à jamais. Elle avait joui d'une prime jeunesse amusante, au Pérou, où elle avait vécu de sa naissance jusqu'à l'âge de deux ans, suffisamment pour laisser en elle des visions de citadelles incas, de pierres dressées en montagne, souvenirs en réalité construits bien plus tard. Ses empreintes précoces lui revenaient parfois à l'esprit comme des soubresauts d'images fugaces avec une vélocité proche de l'hallucination. Plus tard, adolescente, elle avait renoué avec son passé par des lectures qui lui permettaient de parler pendant des heures des aventuriers espagnols et de la Capitulation de Toledo. Dans la cour de récréation, elle avait toujours exprimé avec une certaine fierté cet épisode de sa vie. Ses camarades de classe la regardaient avec une fascination qui lui renvoyait une image d'elle supérieure aux autres et quelque peu victorieuse. Elle avait été cette enfant née dans un ailleurs lointain. Elle s'imaginait le raconter un jour à Breton. Doucement, tout ce qu'elle faisait la ramenait à lui. De ce lien imaginaire, elle sourit. Elle avait rencontré ce qu'elle surnommait depuis leur première rencontre « un type ». C'était, elle le savait désormais, bien plus qu'un simple type. Mais peut-être voulait-il la voir simplement pour discuter de littérature – tant qu'il ne s'agissait pas de Platon ! Peut-être voulait-il s'en faire une confidente ou, elle en désespérait d'avance, plus trivialement une amie. Elle se sentait confuse et animée par des sentiments trop contradictoires pour voir clair dans ce qui avait été somme toute une brève rencontre.

Allongée sur son lit, elle scrutait le plafond à la recherche de réponses quand le téléphone sonna. Elle bondit, à la fois apeurée et fébrile. Au bout du fil, la voix de Breton, grave, réussit à la calmer. Rendez-vous fut pris, il la retrouverait à son domicile à 16 heures. Mais comme elle savait qu'elle ne pouvait affronter seule cette visite, elle eut pour idée de convier son ami Rigaut qu'il connaissait aussi. Ainsi, ce tête-à-tête qu'elle s'imaginait incapable de mener se transformerait en un moment de franche camaraderie et discussions de salon. Elle se changea, rejoua cent fois la façon dont elle ouvrirait la porte et les accueillerait. Une étrangère à elle-même, c'était ainsi qu'elle se sentait. Évidemment, la réalité fut bien différente. Tremblante, au premier retentissement de la sonnette, elle lâcha les aiguilles avec lesquelles elle s'était mise à tricoter pour occuper ses mains et sa tête. Ils étaient arrivés ensemble sans s'être concertés. Devant le duo, elle fut saisie d'une évidence : ils n'allaient pas du tout ensemble. Pourtant, ils faisaient bloc, tous les deux, sans le vouloir. De ce couple dépareillé se dégageait néanmoins quelque chose de franchement sympathique et d'emblée amical. Une conversation pleine de complicité s'instaura immédiatement. Breton voulait quitter la NRF, c'était décidé. Elle admira son courage et sa détermination. Cela fut confirmé, il avait une belle voix, bas medium, calme. Il parlait lentement, accompagnait ses mots de gestes larges. Sa diction était pareille à une mer d'huile. Jacques se contentait d'opiner de la tête, il avait conscience qu'il était de trop et qu'il avait sans doute été instrumentalisé, gentiment instrumentalisé par Simone. Trouvant son chemin comme il put à travers la conversation, il évoqua le plaisir qu'il avait à fréquenter les Dada.

– J'ai revu Tzara, Bail et Janco. J'aime bien ce trio, ils se complètent sans le vouloir. Ils crient un peu trop fort mais je leur passe à peu près tout.

– Ils ne crient pas, ils éructent ! trancha Simone.

– Vous n'êtes pas sensible aux vers Maori, ma chère Simone ? demanda Rigaut. Moi je les trouve franchement sympathiques ces types et derrière leurs pitreries, j'entends déjà gronder le bruit de leur révolution.

– Ka tangi te kivi, kivi, Ka tangi te moho moho, Ka tangi te tike, ka tangi te tike tike, cria Breton.

– Vous vous sentez mal, André ? Parce que je peux vous apporter un verre d'eau, s'amusa Simone.

– C'est le poème de Tzara ! répondit-il en se jetant en arrière dans un éclat de rire.

– Je vous rassure, j'avais compris, André...

Elle se leva pour remplir la théière. Alors qu'elle était encore dans le couloir, de loin, elle soupira en sachant qu'ils l'entendraient.

– Moi, tous ces calembours et bafouillages ont le don de m'énerver. Je ne comprends pas pourquoi j'y suis retournée. Et puis toujours l'injure au bord des lèvres !

– Mais on a besoin de ce retour à l'enfance programmée, Simone, sourcilla Breton.

– En quoi cette ambiance régressive apporte-t-elle quelque chose à la littérature ?

Breton marqua un temps d'arrêt. Visiblement, il était choqué, mais intéressé.

– La langue doit être maltraitée, il faut qu'elle souffre, affirma-t-il. Mon ami Marinetti a raison, je vous le présenterai. Pour lui « l'imagination sans fil » doit prendre des libertés avec la grammaire, la syntaxe et surtout la ponctuation.

Rigaut prit à son tour la défense des Dada.

– Les Dada sont mes frères et comme avec tout membre de sa famille, il faut se disputer.

Dans ce salon qui était devenu, depuis trois heures déjà, le témoin d'une conversation enlevée, Jacques parlait fort pour tenter de trouver sa place. Simone s'était attachée à Rigaut, Jacques, ce sympathique dandy impécunieux, un peu égaré depuis qu'il était rentré du front. Sans le sou, il dormait à droite à gauche quand il n'échouait pas sur le canapé de ses parents. Mais d'une tendresse ! C'était le pendant masculin de sa si chère cousine Denise. À 19 heures, il était temps de se séparer. Avant de partir, Jacques lui glissa dans la main le texte qu'il envisageait de publier dans un numéro de *Littérature*. La revue, à laquelle elle était abonnée, accueillait depuis peu des illustrations de Braque, Picasso, Léger, et elle était flattée qu'il souhaite requérir sa lecture avant quiconque. Elle l'en remercia d'un baiser furtif et eut envie de le retenir pour qu'il se livrât en témoin à des commentaires sur la rencontre qui avait eu lieu. Mais il ne sembla pas comprendre son regard insistant et suivit Breton d'un bon pas, tête baissée.

La semaine avait été son amie, pour une fois. Cela n'avait pas empêché les sentiments de Simone de s'agiter comme des vents contraires. Elle voyageait en elle-même à travers des émotions éclatées et peu claires. Elle ne se comprenait plus. Elle passait devant une librairie, c'était à lui qu'elle pensait. Elle buvait un café, c'était avec lui qu'elle voulait être. Elle se promenait et l'imaginait aussitôt à ses côtés. Breton faisait maintenant partie de son paysage intérieur. Elle avait même cru apercevoir son reflet alors qu'elle se regardait dans la vitrine d'un coiffeur. Il l'accompagnait sans être là. Il était son nouvel horizon. Pourtant, Simone en était certaine, elle n'était pas amoureuse. Elle était très impressionnée, et tirait même quelque orgueil à le connaître. Obsédée par un homme, sans l'aimer, c'était une chose qu'elle n'avait jamais connue. Elle ne comprenait décidément rien à son état. Tout se passait désormais comme si son cœur fut divisé en deux parts égales, l'une destinée à Voldemar, l'autre à Breton, ce tendre Breton.

* * *

Elle était déjà très en retard à son rendez-vous avec Bianca qui était revenue la veille de Nantes. Elle avait besoin de voir une amie pour déchiffrer le manège infernal de ses pensées. Elle avait appelé Bianca à l'aide qui, au bout du fil, avait crié si fort de joie, que Simone avait dû éloigner le combiné de son oreille. En réalité, Fraenkel lui avait déjà tout raconté. Plutôt que de lui demander ce qu'elle savait précisément, pour ne pas déflorer leur conversation, Simone lui proposa d'aller au musée du Louvre, pour parcourir la section des Antiques. Arrivée devant ce paquebot de pierre, elle déposa son livre dans le panier de son vélo et fit les cent pas en attendant son amie. Petit point noir qui grossissait à mesure qu'elle approchait dans la rue de Rivoli, Bianca arriva en courant malgré ses talons bobine, en retard, comme d'habitude. Elles ne prirent même pas le temps de s'embrasser et coururent jusqu'à un banc pour enfin tout se raconter. Bianca lui dit combien Breton avait soudoyé Fraenkel pour la revoir. Simone l'avait marqué d'un sceau sans même à avoir eu à chercher à le séduire, lui expliqua-t-elle. Elle n'avait rien calculé, rien prévu. Elle était cet aimant sur lequel il était venu se poser. Bianca prit tendrement la main de son amie pour exalter la solennité de sa profession.

– Il t'a dans la peau, ce garçon. Un conseil, ne joue pas avec lui si tu sais que tu l'aimes bien. C'est le meilleur ami de mon Fraenkel, je ne veux pas de brouille.

– Dans la peau, mais il m'a croisée trois fois en tout et pour tout ! répondit-elle froidement.

– Parfois, il suffit d'une fois.

– Je le trouve intéressant c'est tout, se justifia-t-elle.

Perplexe, perdue dans ses pensées, Simone dessinait des ronds avec ses pieds, s'hypnotisant elle-même. Elle n'écoutait plus que d'une oreille Bianca, préoccupée à l'idée de partir en vacances sans pouvoir revoir Breton. Il fallait qu'elle trouve un moyen de lui transmettre son adresse aux Rosaires ou de faire suivre le courrier de l'avenue Niel au *Rosaria Hôtel.*

Elle fit sa valise à toute vitesse, sans prendre le temps de choisir ses tenues. Ce fatras était l'illustration de son état d'esprit, en vrac. Elle n'avait même pas pris soin de se préoccuper du temps qu'il ferait, elle aurait froid, ou chaud. Peu importe, elle avait ses livres. Elle avait l'intention de regarder la mer et d'y laisser flotter son imagination. Elle s'attendait à s'ennuyer mais l'ennui avait du bon pour laisser place aux pensées habitées et vagabondes. Les journées seraient longues, entrecoupées de repas copieux avec sa mère qui la rejoindrait en milieu de semaine. Le homard à l'américaine et le poulet à la crème étaient devenus des classiques de l'institution qu'était le Rosaria, on en parlait jusqu'à Paris. Elle aimait ces habitudes, elle aimait se sentir un peu vieille et rassurée par la routine. Elle connaissait bien cet hôtel construit au début du siècle où descendait la bourgeoisie parisienne en manque de quiétude. Elle croiserait dans la salle du restaurant quelques têtes connues, sans doute échangerait-elle des regards entendus. Elle hocherait la tête, de loin, pour les saluer distraitement et poserait à nouveau son regard sur les larges baies vitrées qui donnaient sur la mer. La Manche était une mer bien peu exotique mais elle en adorait ses couchers du soleil, simples, sans flamboiement. Petite, les côtes d'Armor lui avaient toujours paru être des vacances au rabais - le Pérou rendait toute autre destination bien moins attrayante -, mais depuis la sagesse, ou le temps, l'avait gagnée. En attendant, sa valise était prête. Arrivée à la gare Montparnasse, elle s'assit sur un banc et observa le manège des voyageurs pressés. Elle posa son livre sur ses genoux sans l'ouvrir et concentra son attention sur une famille que les bagages encombrants ralentissaient. Le père grognait un peu, la mère soupirait, les enfants, dont le nez coulait, criaient. Un tableau presque effrayant pour Simone, qui n'était décidément pas prête à affronter un tel quotidien. Face à cette vision, elle se sentit incroyablement libre. Sa poitrine se gonfla et, dans un soupir de contentement, elle bâilla. Elle était heureuse de partir, seule, de voyager avec l'image de Breton qui était désormais devenue une douce compagne.

À Plérin, régnait un ennui bien enraciné. Bien sûr, Simone s'y était attendu, et l'avait même appelé de ses vœux, mais le vivre était bien différent. Les matins se ressemblaient tous et Paris lui manquait. Tout ce qui lui était pénible dans sa ville lui paraissait à présent désirable. Elle avait déjà trop vu cette grève bordée de champs et cette digue lui était à tel point familière qu'elle aurait pu la dessiner. Mais elle savait à peine tenir un crayon et avait déjà envie de s'enfuir. D'autant qu'avec sa mère dans les parages, elle avait moins l'impression d'être cette âme libre et romantique à laquelle elle aspirait inconsciemment. Elle aimait ses lectures, son imagination et son lit. Tant qu'ils étaient là, rien de grave ne pouvait lui arriver. Ils étaient à eux trois des compagnons de route rassurants, des amis avec lesquels elle entretenait somme toute de bons rapports. Elle aimait se sentir ainsi livrée au monde, elle et ses livres, elle et ses lettres. Donner corps au mythe de l'homme face à la nature. Ce n'était pas sans lui rappeler, une fois de plus, Breton, qui lui avait confessé qu'il n'éprouvait absolument rien face aux éléments. Il lui suffisait, selon ses propres mots, de « quatre murs et la pensée ».

Un léger coup sur sa porte l'interrompit soudain dans sa rêverie solitaire, laissant apparaître le réceptionniste, un télégramme à la main. Breton ! Il lui avait donc écrit !

Je vais passer un peu plus de deux mois à Lorient, puis je rentre à Paris et... j'ai failli dire : et je vous vois.

Et je vous vois. Elle se le répétait en boucle sans s'en lasser. Et je vous vois. En quatre mots, l'excitation qu'il avait créée chez elle ne faiblissait pas et il n'y eut pas une minute où elle n'y pensât. Pourquoi ni Bianca ni Denise n'étaient à ses côtés pour partager ce moment si chaud où le désir naît au creux des mots. Jamais il ne lui disait explicitement qu'elle lui manquait mais cette missive suffisait à le trahir. L'intérêt qu'elle lui portait grandissait à mesure que les jours avançaient au bord de cette Manche, un peu morne, moins grégaire qu'elle ne se l'imaginait en cette saison. Le temps était lourd et le ciel blanc et gris laissait percer quelques doigts de Dieu. Elle ne venait au Rosaria qu'une fois par an et passait le reste de l'année à attendre ce moment. Pourtant, une fois arrivée, elle éprouvait chaque fois la même sensation, une déception abrupte qui avait toujours le même goût. Il ne restait qu'à déguster le homard à l'américaine et le poulet à la crème.

Elle serait bientôt de retour à Paris. Plus que deux jours à tenir, se dit-elle en soupirant, avant de retrouver son confort parisien. C'était toujours la même histoire. À Paris, elle rêvait d'ailleurs, ailleurs elle rêvait de Paris. Dans ce désir d'être toujours loin, elle reconnut avec une certaine tristesse l'incapacité à se sentir bien avec elle-même. Comme si Voldemar avait senti son rival se rapprocher, il lui avait aussi écrit. Il était toujours en Amérique et pensait à elle tous les jours. Le lire cette fois-ci ne lui procura aucune forme de félicité. À l'accoutumée, elle souriait au détour de ses mots et éprouvait du plaisir à se sentir aimée. Mais aujourd'hui, les tournures de phrases de son ancien amant lui semblaient affreusement plates. Lui qui avait le verbe haut et dont l'humour n'était jamais loin paraissait fatigué et à court d'inspiration. Mais peut-être était-ce sa propre culpabilité qui déformait sa vision, sa trahison que sa conscience maquillait en lassitude pour mieux excuser sa conduite. Elle avait l'impression de fomenter un crime dans son dos. Elle connaissait la victime mais pas encore le moment où elle passerait à l'acte. Elle se sentit lâche et désarmée face à ce que la vie avait fait d'eux. Il était temps de plier bagage.

* * *

La pluie l'avait suivie jusqu'à Paris. Ce spectacle la désolait. La capitale s'était transformée en une fourmilière humide. De sa fenêtre, elle ne voyait plus les hommes, seuls leurs parapluies formaient une palette de points aux couleurs aléatoires. Vu du dessus, c'était presque beau. Elle passait du salon à sa chambre, de sa chambre au salon et du salon jusqu'au palier, en se faisant l'impression d'un chat contournant, las, les pieds de table. Tout ce qui ne ressemblait pas de près ou de loin à une lettre de Breton la décevait. Combien fit-elle d'allers-retours dans cet appartement ? Elle avait honte de même les compter. Pourtant elle ouvrit la porte, regarda le paillasson résolument vide, se disant qu'elle avait eu à nouveau tort d'espérer. Breton l'avait oubliée, pensa-t-elle, il lui préférait ses amis dada. Alors qu'elle évitait une latte sur deux du parquet sombre et ciré de l'appartement, prise d'une subite superstition, elle fut surprise par la sonnerie du téléphone. Courant, le cœur battant, elle décrocha mais pas avant d'avoir laissé passer plusieurs tonalités. C'était Bianca. Déçue quoique contente d'entendre son amie, elle l'écouta sans trop devancer la conversation.

– Tu nous as changé notre André ; il ne rêve plus que de se marier !

Bianca surjouait l'excitation.

Il ne rêve plus que de se marier, c'était tellement absurde qu'elle pensa qu'il voulait se marier à une autre ! Mais non, voilà qu'il se projetait dans un avenir lointain avec elle et l'aimait jusqu'à désirer, selon Bianca, vivre à ses côtés pour le restant de ses jours. Cela n'avait aucun sens et eut le don de l'énerver. Elle passa en quelques secondes de la joie à la colère comme un ciel qui se serait soudain assombri. Plus elle y pensait, plus elle rageait. Simone aurait voulu se rendre compte par elle-même qu'il la désirait. Elle aurait souhaité déceler dans ses attitudes, par onces, l'attirance grandissante qu'il avait pour elle. Au contraire de quoi il avançait à grands pas, la doublant et franchissant trop vite la ligne d'arrivée. Il avait jeté tous les dés, rebattu toutes les cartes, elle ne savait plus comment jouer. Bianca devait raccrocher, laissant Simone avec une confidence qu'elle aurait souhaité n'avoir jamais entendue. Mais elle ne pouvait plus l'oublier. Son esprit lui fit l'impression d'être exsangue, à plat, comme après une bataille dont elle n'aurait pas désiré la victoire.

Certains jours sont semblables à un gant de soie glissant d'une traite le long des doigts, d'autres semblent être un affront de chaque seconde où le corps progresse sur un terrain miné. Ce matin-là, Simone se retrouva au milieu du champ de mines. Elle en détesta chaque seconde. Ses pensées tournaient à vide, toujours les mêmes, ce Breton en ligne de mire qui rendait le reste invisible et sans chair. Elle avait beau se convaincre qu'elle n'était pas du tout, mais alors *pas du tout* amoureuse, elle était forcée de constater que l'image de l'homme à lunettes ne la quittait pas plus d'une minute. Il était ce vautour qui, se rapprochant, formait une ombre de plus en plus grande au-dessus d'elle, sans jamais se poser. Elle regardait au-dessus de son épaule, il était là, elle regardait en l'air, il était encore là. À la fois fragilisée et exténuée par cette obsession, elle se décida enfin à glisser ses affaires dans une valise trop petite, sans oublier un numéro de *Littérature* pour suivre de près les écrits de Breton, ce cher Breton. Il l'avait fondée avec Soupault et Aragon à l'*Hôtel des Grands hommes*, place du Panthéon, elle le savait par Colette qui les appelait, comme tous les initiés, « les trois mousquetaires ». Elle n'en manquait pas un et rencontrer aujourd'hui l'un de ses fondateurs l'enorgueillissait. Ce numéro offrait un poème de Valéry *Cantique des colonnes* et, entre autres, *Les Nouvelles Nourritures* de Gide. Elle espérait que l'air océanique de la côte d'Émeraude lui ferait du bien, même si, elle le savait par avance, elle se promènerait baladant avec elle ses idées comme un sac trop lourd à porter.

Elle était arrivée sous une pluie battante, lui donnant envie de repartir sur-le-champ. La scène n'aurait pas été bien différente si l'on avait jeté intentionnellement des baquets d'eau sur les passants. C'était presque comique. Cela lui rappela une scène de l'un de ses films favoris, *Good Night Nurse!* où le personnage principal, Fatty, imbibé d'alcool, tente d'allumer un cigare sous la pluie torrentielle. Comment oublier Fatty, ce personnage au corps trop gros pour lui, se livrant à des danses démentes sans jamais penser au ridicule qu'elles occasionnent ? Perdue dans cette nébuleuse d'images divertissantes, elle fut rattrapée par l'entrée dans son champ vision de ses parents, Félix et Anne-Blanche, arrivés la veille. Cinglant retour à la réalité. Droits, comme vissés au sol, ils l'attendaient dans le hall. Comme à son habitude, son père l'embrassa sur le front, sa mère, plus distante, lui tendit deux joues froides. Pour se réchauffer de ce qu'elle compara à une route givrée, elle eut envie d'un chocolat chaud et de tartines au miel. L'*Hôtel Victoria* se ressemblait, ses airs de grande duchesse ne l'avaient pas quitté. La petite famille y avait ses habitudes et chaque été les voyait grandir d'une année. Les vêtements changeaient mais les attitudes restaient les mêmes. Elles avaient même tendance à s'accentuer. Sa mère, que la tendresse et la chaleur ne caractérisaient pas franchement, affichait aujourd'hui un air encore plus fermé. Son père, qu'aucun sentiment n'atteignait, était devenu presque muet avec le temps. Les traits de caractère, elle en avait bien peur, creusaient un même sillon, obstinément, jusqu'à devenir plus large encore qu'un fossé. Elle connaissait par cœur le décor de ses vacances, toujours ce même salon aux hauteurs vertigineuses, ses tapis orientalisants, ses nappes blanches devenues laiteuses, qui auguraient de trop riches repas. Des repas longs comme une nuit, où se mêlaient des odeurs de viande et de poissons cuits dans différentes sauces bien françaises. Elle avait conscience qu'elle appartenait à une intelligentsia qui avait fait de Dinard-Saint-Énogat un lieu de villégiature distingué en ayant exporté un peu de Paris au bord de la mer. Ce hameau était devenu un endroit où il fallait désormais se montrer. Victor Hugo y avait séjourné, nimbant cette destination d'une aura propre au crédit qu'une personnalité littéraire peut lui apporter, s'ajoutant à l'enfance que Lawrence d'Arabie y avait passée. Les cabines avaient peu à peu peuplé la plage et le casino accueillait depuis peu des huiles de ce monde. Simone aimait y jouer mais son plaisir était terni par la présence de ses parents, qui restaient derrière elle pour alimenter les machines à sous. Elle aurait voulu s'asseoir, seule, aux tables de black-jack, sentir les jetons sous ses doigts et miser avec la confiance de ceux et celles qui *savent*. À la place de quoi, elle se faisait l'impression d'une petite fille qui mendiait à ses parents, les priant de refaire une partie.

Les cabines colorées de la plage de l'Écluse avaient été prises d'assaut. Il ne lui restait plus qu'à s'échouer sur sa serviette, grelottante. Simone avait apporté *Le Capital*, qui l'attendait comme la promesse de cette terre qu'offre la pensée théorique. Elle se l'était procuré chez Adrienne Monnier, une libraire et éditrice qui avait installé rue de l'Odéon *La Maison des amis* et qui, en cinq ans à peine, s'était vue devenir le point de convergences des vigies du moment. Simone faisait partie de son cabinet de lecture, dont les membres avaient été surnommés les « potassons ». À Paris, on connaissait Adrienne comme le loup blanc pour entretenir une relation éperdue avec une jeune femme. Afficher sa sexualité avec autant de panache fascinait Simone, car c'était braver les cancans, mais plus menaçante encore la répression des mœurs. Car si le lesbianisme n'était plus considéré comme criminel, le gouvernement Deschanel lui opposait une politique adverse. En dehors des cercles les plus progressistes, on les jugeait d'un œil sévère, quand on ne les chassait pas. Certes Freud était passé par là, et avait imposé - dans certains cercles, seulement - l'idée selon laquelle chacun naissait bisexuel, mais Adrienne demeurait une exception dans l'univers codifié de Simone.

Aux yeux de la jeune femme qu'elle était, Adrienne était d'une modernité absolue : radicale, belle de surcroît, incarnant plus encore la liberté que celle qui avait guidé le peuple. Fascinée par cette amazone des temps modernes comme par l'endroit, Simone s'y rendait chaque semaine. Elle allait se balader dans les rayonnages et discutait avec les clients dont elle connaissait pour la plupart le prénom. Quelques semaines plus tôt, elle avait assisté à une rencontre entre Paul Valéry, Francis Poulenc et Erik Satie. Autour d'une table, au fond de la librairie, Satie parlait de sa *Marche de Cocagne* et Valéry de son *Album de vers anciens*, tout juste publié. De ce bouillon interdisciplinaire, elle se sentait infiniment proche. Cet après-midi, elle lirait. Elle pouvait déjà humer l'odeur des pages. Mais ses parents en décidèrent autrement, ils voulaient à tout prix visiter la vieille ville. Son père, revêtant son traditionnel rôle de guide, avait tout préparé, carte à l'appui. Ils iraient à l'ancien prieuré puis à la maison du Prince noir et enfin au manoir de La Baronnais, dans cet ordre et pas un autre. Cette raideur organisationnelle amusait Simone. D'une certaine façon, elle lui en était reconnaissante, car s'il avait fallu compter sur elle, ils auraient pu errer des heures. Elle avait un piètre sens de l'orientation, pouvant se perdre dans sa propre ville.

La Villa Campo Bello non loin du Victoria les hébergerait une vingtaine de jours. Elle découvrit sa chambre avec plaisir, c'était un adorable petit cocon dont le style rappelait les cottages anglais. Elle y serait confortable et tricoterait à son aise. La visite de la veille avait laissé ses pieds aussi douloureux qu'après les bals les plus effervescents. Mais point d'amis ou de sorties nocturnes ici. Rien que ses parents, une chambre, la plage et elle. C'était à la fois trop et trop peu. La présence de son père et de sa mère dictait le cours ses journées, la délestant de son libre arbitre, la reposant en somme. Mais ils étaient aussi une ombre à sa liberté. Elle se disait que dans une petite année, elle pourrait prétendre à vivre seule. Elle n'osait pas encore en parler de peur de provoquer un séisme dans le fragile équilibre familial. Mais il faudrait aborder le sujet tôt ou tard. Elle était cet oiseau migrateur qui ne demandait qu'à voler au-dessus des maisons, changer de regard sur le monde en gagnant d'autres territoires. Pour le moment, elle jouait à l'enfant docile, faisait le dos rond et se risquait, parfois, à évoquer la chose politique. Emporter dans ses valises *Le Capital* était déjà une sorte d'affront. Comment ses parents auraient-ils pu adhérer à Marx, lui qui appelait à la révolution ? Simone avait un matin posé le livre sur la table lors du petit-déjeuner, comme pour affirmer une liberté d'esprit. Ils avaient regardé l'objet de provocation d'un œil torve, restant silencieux, mais elle avait compris qu'ils n'en pensaient pas moins. Elle emportait ainsi partout où elle allait ses neuf cents pages comme pour clamer symboliquement son indépendance. Elle espérait par cette lecture se rapprocher encore un peu plus de Breton. Elle qui lui connaissait une fascination pour la pensée anarchiste, ayant adhéré au drapeau noir. Elle l'avait écouté religieusement dans les allées du Luxembourg aduler un groupe de bandits qui avait commis plusieurs meurtres quelques années plus tôt. La Bande à Bonnot. Elle s'en souvenait pour avoir lu dans la presse des articles sur ce que ses parents avaient à l'époque qualifié de terrorisme. Mais loin du Luxembourg et de Breton, elle était réduite à son seul et bien maigre acte de terrorisme familial à l'aide de cette grenade dégoupillée de papier.

Les heures s'étiolèrent jusqu'au souper, où l'appétit ouvert par le grand air, elle se jeta sur un bar cuit au gros sel et des pommes de terre vapeur.

Après quelques jours à peine, elle fut navrée de constater qu'elle avait épuisé toutes les potentialités touristiques de la station balnéaire, mais elle s'entêtait à tirer le dernier centimètre d'une pelote déjà bien courte. Elle se dirigea vers le seul bastion de la ville qu'elle n'avait pas encore visité, un monument historique devant lequel elle était déjà passée cent fois sans le considérer, la tour Solidor, un donjon du XIVe siècle, flanqué de trois tours hommasses. Elle voulait arpenter ce coin-là de la Rance et marcher dans le quartier de Saint-Servan qu'elle connaissait mal. Elle annonça à ses parents qu'elle allait prendre l'air, sans les convier. Elle déambula au fil des rues qu'elle trouva désolantes et dont la tristesse était accentuée par un temps cafardeux, alors que la couleur du ciel semblait avoir déteint sur les murs des maisons grises, désespérément grises. Le sol était encore humide et les trottoirs dégageaient cette odeur si particulière après une ondée. La Bretagne, se dit-elle, c'était quitte ou double, hortensias et volets bleus ou crachin à rendre fou. Au détour d'une rue, elle aperçut la tour, qui lui fit l'impression d'une femme potelée. Arrivée à son but, elle rebroussa chemin, arrêtée par une pluie épaisse qui la força à s'abriter dans un café. Elle s'installa à *La Corderie* qui donnait sur le petit port et la tour. Elle l'aurait vue de loin, c'était déjà ça. Au comptoir, comme un homme d'affaires, elle but d'un trait un petit noir. Mais elle n'était en rien pressée et l'urgence avec laquelle elle l'avait englouti lui parut tout à fait absurde. Maintenant, il fallait attendre, seule, que le temps lui permît de rentrer. Simone entretenait un rapport ambigu à la solitude. Tantôt elle y puisait une force souterraine qui lui permettait de lire et écrire, tantôt elle la redoutait comme un ennemi d'autant plus inquiétant qu'il venait de l'intérieur.

Sa sœur Janine arriva par le train de 13 h 07, elle rentrait d'un long voyage qui l'avait menée jusqu'en Espagne. Elle lui avait rapporté un éventail rouge à pois noirs, comble du cliché mais qu'importait, elle lui avait tant manqué. Simone eût voulu que ses parents ne soient pas là pour pouvoir profiter d'elle à sa guise sans que n'interfère personne. Passées les retrouvailles, elle congédia Anne-Blanche et Félix d'un geste explicite et volontairement ferme, et montra à sa sœur le chemin vers l'extérieur. Dans le jardin de curé, elles s'installèrent sur deux chaises longues, au pied d'un pommier un peu fatigué. Janine avait bonne mine, les pommettes abricot et les cheveux blondis. Elle possédait cette aura des voyageurs revenus d'un long périple. Hormis le Pérou, Simone n'avait jamais quitté la France, tant et si bien qu'elle commençait à se lasser de la Moselle et de ses champs à peine vallonnés. La Bretagne n'était pas plus dépaysante et elle désirait désormais franchir les seules frontières que ses parents délimitaient. Elle avait envie de regarder au-dessus ce mur derrière lequel se tenait un champ interdit et rêvait de retourner au Pérou, voir ce qu'elle y avait laissé. Pour le moment, elle enviait sa sœur et, par la même occasion, Voldemar et ses lointaines Amériques. Janine parlait à grand renfort de gestes amples pour donner de l'emphase à son récit. Au ton de sa voix, on pouvait entendre que son excitation n'était pas encore retombée. Toutes deux avaient promis à leurs parents qu'elles les rejoindraient pour le thé, ne laissant à Simone le loisir de raconter à sa sœur combien elle était emmêlée dans un dilemme dont elle ne s'imaginait nullement sortir. Si seulement elle avait pu se projeter et deviner la fin de l'histoire. Jamais elle n'avait eu à composer avec telle situation. Et qui pour la conseiller ? Bianca était partisane pour être la compagne du meilleur ami de Breton. Avec le temps et les choses se précisant, elle ne pouvait plus attendre de cette amie conseil neutre et raisonné. Denise était loin et elle n'irait pas à Sarreguemines avant septembre, et encore il fallait obtenir l'accord de sa mère. Restait sa sœur qui avait toujours été une bonne oreille. Mais pour la première fois peut-être, Simone avait peur du jugement de valeur qu'elle aurait pu porter sur ces histoires au destin croisé. Ou peut-être était-ce sa manière à elle de conserver cette confusion à vif. Elle garderait pour elle Breton et Voldemar et boirait, silencieuse, un thé avec cette famille somme toute attachante. Comme toujours, Janine parla beaucoup, elle aimait occuper l'espace sonore. Petite, Simone avait souvent eu l'impression de devoir s'effacer derrière sa sœur et plus tard, elle s'était même demandé si sa légère timidité n'y avait pas pris ses racines. À l'horizon, la mer était basse, quelques personnes se détachaient du fond du ciel sur la plage du prieuré dans un va-et-vient qui rappela étrangement à Simone le cortège de noce peint par Brueghel le Jeune.

Pour fêter le retour de Janine, ils avaient loué un bateau afin de découvrir la côte sous un nouveau jour. Sa mère avait tenu à choisir un Chris-Craft, pour jouer à l'Américaine. C'était beaucoup aimer sa sœur qu'accepter de braver son mal de mer, mais Simone se consolait en contemplant les malouinières, ces grandes demeures du XIIe siècle qui nourrissaient ses plus grands fantasmes à l'idée des fastes histoires qu'elles devaient renfermer. Bretagne, trois syllabes qui draguaient à elles seules un carrousel d'images enthousiasmantes. Depuis Paris, avant chaque départ en vacances, elle s'imaginait rejoindre la terre de Tristan et Iseult, la légende du chevaleresque roi Arthur, le Saint Graal, Lancelot et la révolte des bonnets rouges. D'année en année, son père racontait les mêmes histoires inspirées par les mêmes monuments, qu'elle avait fini par connaître par cœur. Souvent, elle se plaisait à rêver qu'elle pourrait un jour léguer à son tour ce riche patrimoine mémoriel à ses enfants, quand elle en aurait. Car elle en aurait, bien sûr. Chaque fois qu'un nouveau-né venait peupler son entourage, elle aimait le bercer et se donner des allures de jeune mère. Elle chantait des comptines que sa mère lui avait chantées, renouant avec le refrain de son enfance. La musique avait ce pouvoir de faire affleurer des odeurs et des sensations d'une puissance affolante. Un mot fredonné et c'était toute sa chambre d'enfant qui se redessinait autour d'elle : son lit à barreaux et ses peluches sans âge. Sur le port, quai de la Perle, les mâts dansaient comme des épées fendant l'air, accompagnés de cliquetis à la sonorité métallique. Ils quitteraient la baie du Prieuré et rejoindraient par le nord la pointe du Moulinet. Si le temps le leur permettait, ils pousseraient jusqu'à la Pointe de la Malouine. Simone n'était pas très à l'aise avec l'eau, elle était plutôt tempérament de chat plutôt que de chien. Elle ne se jetait jamais de tout son corps dans la mer et avait plutôt tendance à se livrer à une valse-hésitation avant d'immerger une jambe puis l'autre, jamais la tête, jamais de brasse coulée, plutôt mourir. Elle prit la main que lui tendait son père déjà embarqué et s'installa à bord. À eux les malouines, à elle le mal de mer. Le moteur eut du mal à démarrer ce qui provoqua un éclat de rire général car

Félix était connu pour naviguer de façon empirique voire expérimentale. Les lotiers formaient des nappes jaunes d'or aux pieds des pins maritimes. Elle était protégée du soleil de plomb par son canotier qui lui donnait des airs de garçonne. La beauté du massif armoricain était sidérante ce matin, elle déteignait sur son état d'esprit, tout juste éclairé de l'intérieur. Les cris des mouettes venaient compléter cette carte d'Épinal un peu trop belle pour être vraie. Toute leur balade était tournée vers l'éperon rocheux sur laquelle étaient perchées Les Roches Brunes, une demeure construite par le couturier parisien Émile Poussineau, célèbre pour ses fameuses « coiffures vaguées ». Les Anglais avaient fait de ce petit coin un lieu à part et on y venait pour se sentir à part. Janine avait apporté avec elle *Nous autres*, le nouveau roman d'Evgueni Zamiatine, mais le moteur eut raison de sa concentration. Leur mère, au calme légendaire, s'agrippait de tout son corps au bateau et soupirait d'anxiété chaque fois qu'une vague les faisait sauter. Le pater familias tirait une grande fierté de conduire cet équipage au large et avait sorti sa carte maritime pour jouer au parfait conquistador. Mais le chef d'expédition avait dû se tromper car ils avaient fait un tour sur eux-mêmes et se retrouvèrent, trop rapidement, à leur point de départ.

Simone aimait appeler ses rêves ses « films du soir ». Comme souvent depuis qu'elle l'avait rencontré, elle avait encore rêvé de Breton, mais son souvenir déjà tombait dans le noir malheureux de l'inconscient. Elle aurait voulu le rattraper comme on retient un enfant par la capuche avant qu'il ne dévale les marches d'un escalier, mais c'était déjà peine perdue. Elle se leva amère et frustrée de ce songe aussitôt confisqué par personne d'autre que par elle-même. Dans un ultime espoir et geste désespéré de maintenir ce lien souterrain qui la rattachait à André, elle se précipita vers la réception, réprimant à peine son envie de courir, pour demander si un courrier lui avait été adressé. L'homme derrière le comptoir, maigre comme une canne, lui sourit d'un air complice, presque fraternel, et lui tendit une lettre. Denise. Elle lui avait envoyé un questionnaire un peu sot mais qui l'occupa toute la matinée.

Qualité essentielle chez l'homme : discrétion. Chez la femme : détermination. Votre occupation favorite : attendre. Le trait principal de votre caractère : la mélancolie. Votre idée du bonheur : ne pas en avoir. Du malheur : attendre le bonheur. Votre couleur préférée : pourpre. Votre fleur favorite : anémone. Vos mets et boissons préférés : sole meunière, citronnade quand il fait lourd. Votre animal préféré : le lièvre. Animaux que vous détestez : aucun. Les erreurs que vous excusez le plus facilement : les erreurs justement. Vos poètes préférés : Apollinaire, devant les autres. Vos écrivains préférés : Apollinaire, encore, Pouchkine, Drieu la Rochelle. Vos peintres préférés : Le Greco, Ribera, Braque. Vos musiciens préférés : Rameau, Debussy. Qu'auriez-vous désiré être : brillante. Où voudriez-vous vivre : au Pérou. Les défauts que vous haïssez le plus : mensonge et bêtise crasse. Ce qui vous élève l'âme : quelques notes de piano. Votre plus grande peine : d'en ressentir souvent. Vos héros, héroïnes dans l'Histoire : Louise Michel mais il n'y a pas de demi-dieu. Dans le roman : Julie d'Aiglemont. Dans le théâtre : la fille d'Antiochus. Vos prénoms préférés : Hannah, Jean. Votre état d'esprit actuel : oisive. Votre ambition : étudier. Votre opinion politique : résolument socialiste. Votre devise : « On passe une moitié de sa vie à attendre ceux qu'on aimera et l'autre moitié à quitter ceux qu'on aime. »

En bas, les tables étaient déjà dressées pour le déjeuner. Alors que les baigneurs revenaient les uns après les autres de la plage, en petites grappes, la salle à manger embaumait le poisson tout juste pêché.

Janine se glissa dans son lit au petit matin. Simone sentit la chaleur de son corps réchauffer les draps. Elle adorait ces moments où les gestes remplacent les mots. La tendresse se loge dans des recoins rarement habités. Elles se prirent la main et s'étirèrent dans un même souffle. Simone n'avait pas envie de parler. Elle lui proposa d'aller marcher sans leurs parents. Elles se donnèrent dix minutes pour se retrouver sur le palier. Sur les murs du vaste escalier dévalaient en cascade des tableaux de différents formats où se dessinait un univers marin, tout y passait, le port, la plage et les cabines. À Venise, c'étaient les gondoles, ici les bateaux à voile. Elles iraient se balader avec pour cap le Fort Harbour et le phare du Grand-Jardin qu'elles pourraient apercevoir si le temps le leur permettait. Mais arrivées dehors, une brume tenace les en empêcha. Elles n'avaient plus qu'à aller chercher leur livre et s'installer dans le salon, devant un feu de cheminée qui enterrerait définitivement l'idée qu'il y eût un jour un été. Leur mère les retrouva studieuses comme si elle les eut laissées dix ans plus tôt dans le salon familial. Attendrie, elle se laissa émouvoir devant cette photographie retrouvée. Elle leur déposa un baiser sur le front. Simone, qui détestait qu'on la touche, fit mine de retirer le baiser qu'elle avait reçu d'une patte de chat. Sa mère sourit.

Il lui avait écrit. Ses *Champs magnétiques* étaient sous le feu des critiques. Seul *Comoedia* trouvait au livre de très bonnes choses. *L'Intransigeant* fustigeait ce texte trop ardu, et la comtesse de Noailles, la plus dure, n'y trouvait que folie et extravagance déplacée.

On nous a beaucoup reproché d'avoir fourni le minerai brut, sans se douter que notre intention était bien de rendre le métal (que l'art a pour objet de purifier indéfiniment) à son état primitif, de nous borner au travail d'extraction, lui écrivait-il. Il lui expliquait qu'il n'avait que peu d'orgueil et était prêt à accorder de l'importance à la critique, surtout négative, sans feindre de jouer les hâbleurs en balayant d'un revers de manche tout ce qui pourrait le heurter. Il savait qu'il avait écrit un livre qu'il avait voulu « dangereux ». La méthode avait été inédite, Soupault et lui s'étaient enfermés pendant de longues heures dans la même pièce jusqu'à trouver un point final commun qui leur avait permis d'en sortir. Il lui confiait encore qu'il n'avait pas accepté d'écrire la préface de *Jésus Christ rastaquouère* de Picabia, qui avait été vexé comme un pou. Breton le regrettait, mais il n'était pas le seul à avoir senti le vent tourner ; la maison d'édition Sans Pareil avait boudé elle aussi le texte. Breton avait pourtant trouvé dans son *Unique eunuque* une sève fabuleuse mais là il ne suivait plus son ami Picabia. Trop scatologique. Elle aimait croire qu'elle y était pour quelque chose, ne s'étant jamais privée de lui faire part de sa frustration face à ces cris lancés dans l'air par des bouches qui confondaient liberté et grossièreté.

Et puis, il eut ces mots, comme un dernier cri avant de disparaître. *Je vis depuis quelques semaines grâce à vous, d'espérance, de promesse de guérir.* Voilà qu'il était malade d'amour. Il fonçait, bille en tête. Il était éperdu, suspendu à la réponse qu'elle pouvait lui faire. Mais de question, il n'en posait pas, la forçant dans une position invivable. Véloce, il était monté dans un manège qui tournait à vide. Simple passager, il l'invitait dans son tournoiement mais Simone se sentait se cabrer, se raidir et reculer à grands pas. Elle regarda les quatre murs de sa chambre, qui soudain lui semblèrent une prison, alors qu'elle était enfermée dans l'impossibilité de se projeter avec ou sans Breton. Elle l'imagina dans sa petite maison bretonne et visualisa la pierre de granit, noircie par le temps, les lauriers-roses fanés et son chien un peu neurasthénique sur le paillasson. Elle se figurait ce tableau désolé y projetant toute la tristesse de la situation. Il était sans doute de surcroît en présence de parents étouffants et en proie à l'ennui. Peut-être était-ce cet ennui qui le poussait à vouloir aimer. Aimer sans sujet, sans objet, aimer pour se glisser dans la peau d'un personnage romanesque, pourquoi pas. Elle se rassurait en se disant qu'elle était sans doute le réceptacle d'émotions qui ne lui étaient pas destinées. Et plus elle y pensait, plus elle imaginait qu'elle était devenue cette figure à laquelle on s'attache comme au dernier rocher avant le vide. La peur de la béance existentielle trouve dans les sentiments un garde-fou. Au fond, elle ne le croyait pas. Se pouvait-il qu'il ne se berce d'autre chose que de la plus grande illusion ? Elle devait le raisonner et lui faire comprendre qu'il luttait contre lui-même. En définitive, elle avait à réfléchir à sa place. Penser pour deux pour sauver celui qui était parfaitement aveuglé.

Sur la plage de l'écluse, assise, elle ferma les yeux et bientôt les poings. Son corps tendu comme un élastique que l'on retient du bout des doigts était empêché. S'allonger était a priori à la portée de tous, mais pas de la sienne. Voilà deux jours qu'elle n'était que tension. La nuit avait été épouvantable, sans sommeil, scandée d'incessants réveils. Elle avait vérifié à deux reprises que la pleine lune ne perçait pas quelque part au-dessus de sa tête, mais la fenêtre était trop étroite et le rectangle qu'elle formait dans le noir du ciel ne lui permettait pas d'en avoir le cœur net. Breton était sa pleine lune. Le temps s'était gâté et le tonnerre grondait non loin, au-dessus de Saint-Malo. Elle rentra, la robe à tordre et le corps froid comme une pierre. Ses cheveux étaient défaits et elle se plut à imaginer que Breton la désirerait, là, dans ce moment où elle était si fragile, ses doigts bleuis par la fraîcheur ne demandant qu'à être réchauffés par la chaleur d'une bouche. Comme une double peine, *Le Capital* l'attendait, gisant sur son lit. Elle ne parvenait à faire preuve d'aucune patience. Marx la fatiguait par avance, ses parents l'épuisaient, et sa sœur s'était barricadée dans sa chambre depuis plusieurs jours pour lire et ne manifestait plus sa présence que par l'effluve de son parfum qui courait sous sa porte. Leur père avait menacé, amusé de la porter disparue.

Simone connaissait à présent tous les recoins de sa chambre et retrouvait avec un plaisir régressif ses odeurs comme on respire dans un foulard le parfum laissé par une mère. Elle aimait les rituels et les habitudes. Comme chaque matin, elle remonta avec une tasse de thé noir brûlant et le laissa refroidir devant le large, installée inconfortablement sur le rocking-chair qui lui sciait le bas du dos. Elle sortit de sa valise en cuir marron patiné ses aiguilles à tricoter et une pelote de laine rouge framboise. Elle avait envie d'un long châle pour les grands froids. Elle le porterait avec un chapeau noir qui lui donnerait des airs de *flapper*. Elle était allée contre l'avis de sa mère qui lui avait déconseillé, pour ne pas dire interdit, de se couper les cheveux au carré prétextant qu'elle ne voulait pas qu'elle ressemblât à une mauvaise fille aux mœurs décousues. Ses parents l'observaient de près et veillaient à ce qu'elle correspondît à leur vision d'une jeune femme modèle. Elle avait reçu une éducation classique faite de cours de piano et de chant assortis de lectures assidues. Ils lui offraient ce qu'ils n'avaient pas eu, comblant ainsi une certaine frustration et projetant sur elle leurs rêves avortés. Le châle commençait à prendre forme sous ses mains habiles et elle y voyait la métaphore de ce qu'elle traversait, une maille chassait l'autre, à toute vitesse, mais elle ignorait la forme précise que le vêtement prendrait. On sait où commencent les histoires sans savoir vers quel rivage elles nous portent. Dès l'aube, elle avait été assaillie de doutes : ne se refusait-elle pas à Breton de peur qu'il ne se lassât d'elle aussitôt après avoir cédé ? Demain, elle prendrait la route pour retrouver Paris. Sa ville l'attendait avec son air de rentrée. Le dernier petit-déjeuner eut le goût des adieux. Le thé s'évaporait comme les souvenirs. Il fallait désormais lever le camp et se diriger vers la gare. Le train avait du retard, la petite famille s'assit sur un banc, rassurée de ne pas avoir à dire au revoir trop rapidement aux vacances.

À peine arrivée, elle avait déversé sur son lit tous ses vêtements. Ses habits gisaient là comme le signe définitif de son retour à Paris. Elle qui avait tant désiré revenir sur un territoire connu, éprouvait maintenant une violente mélancolie. Elle repensait à la grève, aux écumes des vaguelettes, aux oiseaux perdus dans un ciel trop vaste et soupira de les voir remplacés par des automobiles et quelques fiacres attelés qui résistaient difficilement au progrès. Sur la table de la salle à manger se trouvait la presse que son père avait laissée après son petit-déjeuner. Elle venait après lui et prenait la suite de sa lecture comme on marche dans les pas d'un parent. Elle ouvrit *Comoedia*, qu'elle lisait au moins deux fois par semaine : en une, un papier de J.-H. Rosny Aîné sur la critique littéraire. Elle fut consternée de voir que celui-ci descendait en flèche toute une génération de critiques, sans ménagement, sans nuance aucune. Simone fut agacée par tant de conservatisme. Elle n'aimait pas les vieux crétins. Elle demanda à son père ce qu'il en avait pensé. Un âne. D'agacement, elle referma le journal et s'empara d'*Excelsior* dont elle se sentait plus proche. La rubrique « Les théâtres » annonçait à l'Apollo un thé dansant accompagné de l'Orchestre mondain de Sarrablo, elle irait avec Bianca.

Elle s'était installée au *Dôme*, déserté en cette période de l'année. Les chaises en osier, vides, donnaient à la terrasse un air défait. La salle sentait comme toujours la saucisse de Toulouse, leur spécialité, qu'elle bravait pour y croiser les quelques Dômiers restés à Paris. Depuis juillet, *Les Champs magnétiques* l'attendaient sur sa table de nuit. Elle les avait traités jusqu'ici comme un ami qui devait patienter. Il lui fallait le lire et le terminer avant que Breton ne la prît pour une fille dont la curiosité ne serait pas suffisante pour s'y plonger comme dans une eau fraîche en été. Elle s'arrêta sur un portrait d'André - il avait demandé à Picabia de l'illustrer - qui rendait évident un prognathisme qu'elle n'avait jusqu'ici pas remarqué. Cela lui donnait un air qu'elle aimait plus encore, comme s'il eut avancé en permanence sa bouche pour parler. L'exemplaire lui avait été dédicacé par Breton qui profitait de ces quelques lignes pour lui expliquer que ce texte avait été écrit en hommage à Jacques Vaché, qu'il avait rencontré alors qu'il était infirmier à Nantes. Il l'avait soigné, l'avait choyé, par les mots. Leur amitié avait perduré jusqu'à sa mort, par overdose. Breton était persuadé qu'il s'était agi d'un suicide. Il l'avait tenu en estime pour avoir fondé le « groupe des Sârs », un petit journal parfaitement ubuesque où l'on malmenait convention et ordre moral. Simone s'était immédiatement renseignée et avait appris par Fraenkel que Vaché était un grand roux coquet bourré d'humour. Il lui avait raconté qu'il était connu pour avoir perturbé, ce n'est rien de le dire, le filage de la pièce *Les Mamelles de Tirésias* de Guillaume Apollinaire. Véritable fiasco. Vaché déguisé en militaire, l'arme au poing, avait tout simplement interrompu la représentation, trop sage pour lui. C'était Breton qui l'avait calmé, le tenant malgré tout pour un être supérieur qui osait tout. Simone qui vouait un culte aveugle à Apollinaire ne put s'empêcher de ressentir un peu d'aversion pour le personnage de Vaché.

Elle savait tout de lui, absolument tout. Dans son imaginaire, son nom sonnait comme celui d'un héros romanesque : Guglielmo Alberto Wladimiro Alessandro Apollinaire de Kostrowitzky. Tout chez lui forçait l'admiration de Simone. Il avait vécu dans le besoin, avait été simple employé de banque avant de devenir le prête-plume d'un avocat. Lucide sur sa condition sociale, elle savait qu'elle avait grandi dans une famille de la haute bourgeoisie et que les choses étaient venues à elle. Les différents métiers exercés par Apollinaire résumaient à eux seuls la destinée d'un homme qui s'était fait tout seul. Elle justifiait jusqu'à ses forfaits, emprisonné pour avoir supposément participé au vol de la *Joconde* ! Simone adorait les petits criminels, les gentilles canailles. Elle était allée à sa rencontre après sa conférence « L'Esprit nouveau » trois ans plus tôt, au Vieux-Colombier qui avait fait date. Il avait été hué pour avoir affirmé sans nuance, c'était cela qu'on lui reprochait, qu'il existait une poésie typiquement française, un esprit typiquement français. Elle lui avait dit, le prenant par le bras, qu'elle se tenait à ses côtés, même si le vent lui était de face. Elle avait ajouté qu'elle avait aimé l'analyse qu'il avait faite de *Parade* de Cocteau, un ballet russe qui s'était tenu au Théâtre du Châtelet et qu'il avait trouvé « sur-réaliste ». Elle avait raffolé des costumes de Picasso et de la musique de Satie. Le ballet avait provoqué un barouf sans précédent. L'opinion n'était visiblement pas prête pour tant de modernité. *Le Carnet de la Semaine* s'était déchaîné, sans demi-mesure. Il ne fallait plus rien attendre de ce canard. Satie s'était défendu et avait répondu, à sa façon, un texte bien senti à son censeur : *Ce que je sais c'est que vous êtes un cul - si j'ose dire - un « cul » sans musique.* La sentence fut irrémédiable – bien que désapprouvée au sein des petits milieux cultivés, écœurés – : huit jours de prison. Toujours est-il que Vaché avait une dent contre Apollinaire. Elle en conclut, peut-être trop rapidement, qu'elle ne pourrait jamais sentir ce type. Était-ce cependant suffisant pour ne pas lire *Les Champs magnétiques* qui lui étaient dédiés ? Les premières pages lui semblèrent parler d'elle. Presque aussitôt, elle s'arrêta sur cette phrase qui résonna si familièrement : *Il n'y a plus qu'à regarder droit devant ou à fermer les yeux : si nous tournions la tête le vertige ramperait jusqu'à nous.* Elle aimait la langueur qu'ils avaient choisie. Tout respirait l'intelligence. Et une certaine douceur planait dans l'air, entre les lignes. Le rythme était celui d'un homme resté à quai, lent, plus lent qu'un train, forcément. Elle l'emporterait à Sarreguemines où elle devait rendre visite à Denise et à son compagnon Georges. Elle avait obtenu de sa mère d'y rester vingt jours, comme une tentative d'un pas en sa direction, une marque de confiance, ou presque.

À Sarreguemines, magie de la perception qui suspend l'espace-temps, elle ne voyait jamais les heures passer. Le temps coulait tranquillement, en marge de son corps, comme cette rivière en contrebas qui caressait avec une douce indolence les rivages. Être aux côtés de sa cousine la plongeait dans un état second au parfum de l'enfance. Sa tante Luce leur préparait des gâteaux à longueur de journée si bien qu'elle savait que chaque fois elle repartirait avec de bonnes joues. Ces séjours lui faisaient chaque fois le plus grand bien. Être loin de ses parents l'affranchissait de certaines obligations. Elle aimait l'ambiance de cette contrée développée autour du commerce du textile devenue ensuite la capitale de la faïencerie. Le service Obernai accompagnait tous les repas. Sur les assiettes et les plats défilaient des scènes pleines de joie où les Alsaciennes en tenue traditionnelle revenaient de la boulangerie avec du pain. Depuis toujours elle prêtait à ce coin perdu de France des traits anthropomorphiques. Aussi, le moulin de la Blies, un imposant paquebot surplombant la rivière, avait l'air docile. Les hautes cheminées dressées au-dessus des usines lui semblaient être des jeunes filles amusées. Les immeubles de rapport lui faisaient penser à des soldats heureux de rentrer au pays, tandis que les maisons de maître avaient des allures de notables bien respectables. Tout lui semblait amène et le tableau qu'elle s'en faisait était teinté de bonhomie. Et puis, elle éprouvait de l'excitation à être non loin de l'Allemagne qui se trouvait à peine à vingt kilomètres. À vol d'oiseau, elle y était presque. Cet après-midi, Simone et Denise s'étaient donné comme programme d'aller marcher, sans but, autour de l'église Saint-Nicolas. Elles s'y rendirent d'un bon pas, se tenant par le bras, comme des siamoises.

Après le déjeuner, Luce les trouva allongées sur la méridienne logée au fond du salon. Elles en avaient débarrassé tous les livres et avaient préparé le terrain d'une discussion qu'elles voulaient longue. Pour étirer ce moment, elles avaient préparé un thé noir servi dans la vaisselle de Sarreguemines, évidemment. Simone faisait glisser ses doigts sur le meuble derrière elle, une commode Louis-Philippe dont elle connaissait par cœur les veines. Elle suivait machinalement, depuis son enfance, les mêmes petits nuages au camaïeu marron. Denise était un peu abattue ce matin, guidée par une forme de jalousie, elle enviait la vie parisienne de Simone. Elle lui demandait toujours de lui raconter ses virées au Bal et voulait tout savoir des librairies qu'elle fréquentait. Quand elle n'était pas ici, Denise habitait Strasbourg dont elle avait fait le tour. Une fois visités le théâtre, la synagogue, le bain aux plantes, les ponts couverts et s'être arrêtée devant l'horloge astronomique, il n'y avait plus grand-chose à faire. Elle regrettait aussi de ne pas être proche des cercles d'intellectuels dans lesquels gravitait sa cousine. Elle aurait adoré pousser la porte de La Maison des amis, discuter avec Adrienne des nouveautés et participer aux séances dada même si Simone l'en décourageait. Elle aurait voulu se rendre compte d'elle-même de la médiocrité supposée de ces rencontres. À la place de quoi, elle fantasmait ces réunions, de loin, et se sentait étrangère à cette ébullition du siècle qui s'écrivait.

L'image d'André commençait doucement à se flouter dans l'imaginaire de Simone. Il fallait qu'elle l'invitât. Pour mettre à nouveau des traits sur son visage qui étaient devenus, en quelques mois, une tache jaune et floue. Par quels principes la physionomie s'efface-t-elle à mesure que le temps nous sépare des êtres ? Elle n'avait aucune idée de la forme de ses oreilles quand elle se souvenait parfaitement de ses cheveux, épais et plaqués vers l'arrière. Son front était large, de cela elle était certaine. Sa bouche l'avait marquée, lippue et tombant vers le côté. La racine fine de son nez venait départager un visage plutôt ovale. Il avait peu de joues. Simone avait en tête un regard décidé, concentré. Mais elle n'avait pas de vue d'ensemble et tous ces éléments dansaient dans l'air sans parvenir à se poser. Elle s'accommodait de cette énigme et en faisait même une source d'excitation. L'absence avait gommé les particularités, ne restait plus qu'un substrat visuel imprécis qu'elle avait besoin de tirer au clair. Mais à l'image parcellaire qu'elle avait gardée de lui allait se superposer la vision d'un réel peut-être décevant. Son télégramme était prosaïque, *Venez vous reposer, vous êtes trop resté à mariner dans le jus familial.* Elle se proposait d'être une respiration en cette fin d'été. Rien de moins, rien de plus.

Elle imaginait cet homme pris entre le ciel et la terre marchant à ses côtés dans les champs lorrains. C'était surréel. Au fond d'elle, elle craignait qu'il reçût cette invitation comme la promesse d'un badinage. Denise l'avait mise en garde : c'était beaucoup s'avancer que de lui consacrer quatre jours. C'était s'exposer à l'implicite. C'était l'autoriser à lire entre les lignes dont elle ne connaissait elle-même ni la teneur ni le sens. Elle avait pris soin de lui demander de réserver une chambre au *Lion d'Or*. Ils se donneraient rendez-vous pour se promener dans la vieille ville, boiraient des thés préparés par Tante Luce. Comment d'ailleurs présenter Breton à cette dernière ? Luce offrait la qualité de ne pas être inquisitrice. Elle ignorait tout de la situation et recevrait Breton comme on accueille un nouvel ami, une nouvelle fréquentation de son enfant. Sa propre fille était sociable, elle était rompue à cet exercice de bienséance affable. Si Simone feignait de ne voir aucune ambiguïté dans cette invitation et condamnait une porte, celle du batifolage, secrètement elle regrettait de ne pas avoir apporté de plus belles tenues. Elle avait dans sa valise des vêtements de campagne, bottes et gilets informes, mais avait oublié tous ses chapeaux et serait donc « en cheveux ». Autrefois, Simone en aurait rougi, mais pas devant cet homme qui avait envoyé valser depuis bien longtemps les conventions et n'aimait rien moins que la pagaille.

Deuxième partie

Sur le quai, André avançait avec son bagage léger, un livre sous le bras. Simone fut terrassée par son apparition. Chacun des mots qu'il avait eus à son égard lui revinrent à l'esprit. De savoir tout ce qu'il lui avait confié la gêna. Elle eut honte pour lui. Il lui baisa la main et la retint longuement dans ses paumes. Ses mains étaient chaudes et larges. Une patte d'ours inoffensif. La honte de Simone se transforma en peine pour ce jeune homme qui se tenait devant elle, si vulnérable, entièrement soumis à son assentiment. Tout suspendu à ce qu'elle pourrait lui offrir. Il était, de fait, dans une position d'infériorité d'avoir montré tant d'empressement. L'avait-elle invité pour lui faire plaisir ? Au fond, elle ne savait plus penser pour elle-même et endossait une responsabilité trop grande pour son esprit profondément confus. L'être qui déclare son amour s'impose une violence sans nom. Il se jette dans le vide sans savoir s'il perdra pied. Rien ne peut le retenir, rien ne l'arrête. Et dans ce piège qu'elle avait l'impression de lui avoir tendu, il attendait, victime innocente, à la merci d'une sentence. Quatre jours à ses côtés. Elle disposait, en somme, de lui. Elle s'était fait l'affront de s'imposer un temps long face à un prétendant et se voyait maintenant otage d'une situation qu'elle avait elle-même programmée. Elle se sentait démoniaque, égoïste et presque perverse d'avoir manigancé pareil plan. Le regard de Breton semblait triste, à moins que cela ne fût pure projection. Laissant Denise avancer, André prit Simone par le bras.

– Vous me manquez alors que vous êtes face à moi.

Prise au dépourvue, elle fut bouleversée par ces mots, fatals. Décontenancée face à ce personnage qui avait tant de ressources, le don de la formule et semblait, déjà, il fallait l'admettre, la connaître par cœur. Elle se sentit rosir et eut peur de balbutier. Elle se tut, la bouche sèche, puis prononça le prénom de Denise pour l'introduire. Elle baissa la tête, se concentrant sur les pavés qui la déséquilibraient. Tant bien que mal, elle tentait de retrouver un peu d'aplomb. Mais il gagnait toujours, il allait l'avoir, se dit-elle. En quelques minutes à peine, il avait réussi à retourner la situation, il était redevenu son égal. Comment se fut-il possible qu'en un éclair elle passât de la pitié à une irrésistible attirance ?

Le lendemain matin, Breton, que le vent n'avait pas arrêté, les attendait dans le jardin. Il était passé par-dessus la barrière en bois et s'était installé comme un hôte culoté, à la table en fer bleu ciel. Simone descendit sur la pointe des pieds pour ne pas réveiller la maisonnée mais Luce et Denise étaient levées et préparaient déjà du café. Elles s'installèrent dans la cuisine autour d'une massive table au bois foncé, au style rustico-béarnais, pas très élégante, un legs des arrière-grands-parents. Encore endormies, elles échangèrent à peine quelques mots. Dehors, Breton les observait sans oser entrer. Si bien que, regardant la scène, il se sentit soudain voyeur malgré lui. Simone était belle, encore en robe de chambre, les cheveux défaits, un léger décolleté et pas encore apprêtée de ses bijoux. Elle était presque nue. Pure, irrésistible se dit-il, conscient de voler un moment intime. Le regardeur fut soudain trahi par une excitation douce qu'il savait passagère. Il ne pouvait plus rester là, invisible et conscient de l'être. Il se déporta vers la gauche pour ne pas être vu, se baissa sous la fenêtre et enjamba la barrière. L'heure tournait. Denise proposa d'aller faire une promenade à vélo. Simone suivit sa cousine jusqu'à sa chambre pour lui emprunter des vêtements et se livrer à des essayages. Elle aimait ces moments de grande complicité qui les plongeaient à nouveau dans le bain de l'enfance. Tenue choisie, elle appela la réception du Lion d'Or pour prévenir Breton de leur venue. Il n'était pas là. Sur les quais de la Blies, elles filaient poussées par le vent. La nature avait jauni, les arbres commençaient timidement à s'effeuiller. Elle avait toujours pensé que l'automne était une saison triste. Chaque feuille qui tombait lui faisait l'impression d'une larme qui, retenue trop longtemps, coule enfin. Près du moulin, une silhouette retint l'attention de Simone. Était-ce Breton qui, par le plus grand des hasards - c'était trop fou pour être vrai -, avait décidé lui aussi de se balader près du moulin, à cette heure-là, sur ce pont-là ? D'un coup de pédales, elle s'approcha de quelques mètres. C'était bien lui, plus de doute, elle n'y put voir qu'un signe. Elle reconnaissait de loin son allure, téméraire et décidée, portant le monde des idées sous son chapeau. Il ne les voyait pas. Il trébucha un peu, sur ce terrain boueux gagné par l'humidité. Denise s'élança, accéléra sans consulter Simone et cria de tout son coffre.

- André, nous sommes ici !

Simone lui trouva un culot monstre. Elle avait décidé pour elles deux et, sans la concerter, avait pris les devants pour mettre fin à cette situation absurde. Ils avaient deux vélos pour trois, décision fut prise, Simone monterait derrière Denise. André la regarda et lui montra du menton l'arrière de son vélo.

– Montez, Simone, faites-moi plaisir, j'ai plus de force que votre cousine.

Simone, qui commençait à aimer son petit manège, ne se fit pas prier. Voilà quatre mois qu'il occupait le premier plan de son champ de vision sans qu'elle pût mettre un seul mot sur ce sentiment profond qui la laissait dans un état second. Elle était entre deux eaux. Tantôt émue aux larmes par ses mots et attitudes. Tantôt froide et sur la réserve, se persuadant qu'elle n'entretenait pas autre chose qu'une naissante amitié. Ils aperçurent un lapin, « Pensez qu'il va finir en manteau, pauvre bête ! », et elle fit rire Breton qui perdit l'équilibre. Elle savait être drôle quand elle le voulait, et ses saillies chassaient parfois son air trop grave. Il lui posa la main sur le genou, elle trembla. Pour étouffer son émotion et faire diversion, elle voulut lui parler des *Champs magnétiques* mais elle ne pouvait s'empêcher de sentir et songer à l'empreinte de sa main, un peu froide et raidie par la température automnale. Toute son attention était portée désormais sur ces quelques points de contact qui les rattachaient l'un à l'autre. Elle sentit un picotement dans le bas de son ventre, son corps, qui savait mieux qu'elle, avait pris les rênes.

– Lorsque les grands oiseaux prennent leur vol pour toujours, prononça-t-elle à voix basse, ils partent sans un cri et le ciel strié ne résonne plus de leur appel. Ils passent au-dessus des lacs, des marais fertiles ; leurs ailes écartent les nuages trop langoureux.

Elle le citait *in extenso*.

– Vous le citez de mémoire dans mon dos ? Je ne vois pas si vous tenez le livre.

Elle avait oublié la présence de Denise. Elle perdait pied, volait au-dessus de lacs et des marais fertiles. Elle posa sa main sur la sienne. Leurs deux mains parlaient à leur place. Simone respirait à peine. Breton voulut la regarder, mais il avait la nuque raide, trop raide pour la voir et, cette fois-ci, il perdit vraiment l'équilibre. Tous deux tombèrent l'un sur l'autre. Il ne se releva pas tout de suite, prolongeant un instant le contact de leurs corps, du sien pesant sur celui, frêle, de Simone.

– Voilà ce que je voulais faire, vous regardez.

Sans ciller, elle plongea ses yeux dans les siens. Une minute passa, longue comme une nuit d'été. Elle pouvait sentir son souffle, en saisir les effluves, voyait son visage de plus près, fracassant de charme. Elle avait oublié tous ses doutes, toutes ses interrogations. Elle posa doucement ses mains sur les paupières de Breton et resta muette. Denise accourut pour s'assurer qu'il n'y avait pas de blessés. Essoufflés par ce moment qui possédait l'intensité des rêves, ils se relevèrent étourdis sans plus oser se regarder. Elle était Edna, il était Charlot dans *Une idylle aux champs*.

Le lendemain, elle se leva aux aurores pour écouter la campagne. Elle aimait se donner rendez-vous avec elle-même. Une biche détala, elle la suivit des yeux, le souffle coupé, mais déjà elle disparaissait, laissant derrière elle un trou vert foncé dans le talus. Simone s'était réveillée ce matin avec l'impression d'avoir trop bu et de ne pas savoir si cet instant suspendu partagé avec André avait réellement existé. Les veilles parfois ne cessent d'agir sur les lendemains. Elles ont cette saveur qui reste, tenace, dans la bouche. Et qui veut les retenir se sait atteint du syndrome amoureux. Elle ne désirait rien de plus que sa petite lèvre qui tombait sur le côté. Elle n'aimait rien de plus que ses cheveux épais qu'elle voulait peigner de ses doigts. Combien de fois depuis hier soir s'était-elle imaginée l'embrasser ? Comment embrasserait-il ? Sentirait-elle que sa bouche n'était pas symétrique ? Elle voulait déposer ses lèvres lentement sur sa joue et descendre par petits baisers jusqu'à sa bouche. Elle voulait retrouver l'odeur qu'elle avait sentie la veille. Elle rentra pour réveiller Denise, ce loir qui n'en finissait pas de traîner au lit. Son duvet jusqu'aux yeux, elle grommela qu'elle n'avait envie de rien, encore moins de se lever. Tante Luce avait laissé un mot, elle était partie cueillir des mûres pour la gelée qu'elle savait si bien faire. Chaque fin d'été voyait son lot de pots de confiture s'aligner sur le rebord de la fenêtre. Seule dans le salon, Simone s'avança vers le téléphone mural.

– André, je vais vous rejoindre, préparez-vous, je serai là dans dix minutes, Denise ne vient pas.

Il portait le même costume que la veille. Un costume gris anthracite un peu défraîchi. Des chaussures Richelieu qu'elle trouvait absolument à son goût. Il frôlait le dandysme juste ce qu'il faut.

– Il ne nous reste plus qu'à aller au musée de la Faïencerie ! lança-t-elle.

S'y tenait une exposition sur l'homme et la main mettant en avant l'artisanat. Elle était curieuse de tout, n'avait pas d'a priori. Elle savait que dans toute situation, elle pouvait tirer quelque chose d'intéressant et de nouveau. Il la suivit, puis la précéda pour lui tenir la grosse porte qui résistait. Elle paya les deux entrées, prétextant qu'il avait fait tout ce chemin pour elle.

– Mais c'est moi qui devrais vous payer pour m'autoriser à vous voir.

Elle rougit un peu et prit cet air gêné et gai des femmes flattées. Elle avait présumé de son intérêt, le parcours était décevant. Elle ne pouvait prendre au sérieux tous ces objets décoratifs qu'on voulait faire passer pour du grand art. Et de la vaisselle par quintal, des soupières ornées de têtes de rapaces, rose pâle, c'en était trop. Ils décidèrent de partir avant la fin et sortirent en courant un peu honteux de filer en catimini. Breton sortit une Craven A et en proposa une à Simone. Il eut ce geste qu'elle trouva incroyablement séduisant : après lui avoir allumé sa cigarette, il lui pinça le nez. Il la regarda et se risqua à lui prendre sa main pour la lui caresser. Elle baissa les yeux, tournant la tête pour éviter son regard, puis, guidée malgré elle par un élan qu'elle découvrait, elle posa sa main sur la sienne.

– Suivez-moi, Simone, j'ai un petit cadeau pour vous qui vous attend dans ma chambre.

Ils se marchaient sur les pieds, couraient à petites foulées comme deux personnes qu'un même but agite. Elle entra dans la chambre et en aima tout de suite l'odeur. Une odeur de sommeil et de coussins chauds. Elle s'assit sur le lit encore froissé. Elle fut attendrie par la vision des draps qui avaient accueilli André. Il lui tendit un livre emballé dans du kraft un peu amolli par le voyage, *Les Caves du Vatican* de Gide.

– Vous verrez, c'est l'histoire d'un jeune arriviste, Lafcadio, qui découvre ce qu'est un acte gratuit, promettez-moi de le lire.

Il se pencha et lui baisa le front avec une tendresse qui la déboussola. Elle n'avait plus de repères. Son intuition avait pris le dessus et ne souffrait plus aucune limite. Elle avait envie de lui prendre la tête entre ses mains et lui dévorer le visage, l'embrasser à pleine bouche, tirer ses cheveux pour trouver une prise. Elle ferma les yeux et soudain le souvenir de Voldemar lui sauta au visage. Elle eut l'impression qu'il était dans la pièce et l'observait agir avec dégoût. Elle se leva, honteuse, et refoula tout au fond d'elle ses pulsions naissantes.

– Denise doit nous attendre.

– Vous m'avez parfaitement oubliée, bande d'ingrats, les accueillit Denise, bien remontée.

Simone lui promit qu'elle n'avait rien raté et que décidément cette ville manquait de musées.

– Nous irons à Colmar, voir le retable que tu aimes tant pour nous rattraper, la rassura Denise.

Ce retable d'Issenheim, jamais elle ne pourrait s'en lasser. Grünewald avait dépeint saint Antoine à la façon des grands maîtres, avec cette assurance de l'avoir, dans une autre vie, connu. Breton que l'art sacré fatiguait ne commenta pas. Ils s'étaient promis de se livrer à une séance photographique car Denise raffolait, comme un enfant aime un nouveau joujou, de son Folding Noxa à soufflet. « Et dernier cri, mes amis ! » Breton et Simone ne voulaient pas poser et marchaient comme si de rien n'était dans le jardin. Mais ils se savaient observés et laissaient jaillir de petits ricanements. Elle s'assit sur la balançoire, il la poussa. Elle se plut à imaginer que, désormais, ce serait ainsi entre eux, il impulserait un rythme à leur relation et elle se laisserait porter. Elle sentait ses mains dans son dos et en savourait chaque furtive pression. Denise captait là des attitudes timides. Heureuse d'être le témoin de ce balancement balbutiant, elle leur dictait les attitudes à avoir. Plus à gauche, André regardez l'objectif, Simone un peu de discipline cela va être flou. Tante Luce mit fin à la séance et les pria de rentrer pour le déjeuner.

– Cela va être froid, mes charmants.

Il devait regagner Lorient et ses écrasantes maisons en granit. Cela désolait Simone qui portait ce matin les traits de quelqu'un de fatigué et attristé, pas loin d'être ravagé. La nuit avait été terrible, elle s'était réveillée en sursaut, la chemise de nuit à tordre, et la vision du visage d'André défiguré. Elle avait rejoué dans son cauchemar leur chute à vélo, lui donnant un air d'accident fatal. Le voir sur le quai la figure indemne la rassura. Elle eut presque le besoin de le serrer dans ses bras. Elle s'était habituée à sa présence. Mais elle savait qu'il la laissait remplie de souvenirs que son absence lui permettrait maintenant de savourer. Leur visite éclair au musée, leur séance photo et leurs mains liées. La nostalgie des au-revoir affleurait mais laissait place à la douceur anticipée des retrouvailles parisiennes. Et puis Denise était là et s'occuperait bien d'elle. Avant de monter à bord du train, il lui confia sa pièce de théâtre *S'il vous plaît* qui avait paru dans le dernier numéro de *Littérature*, une œuvre en trois actes écrite avec Soupault.

– Nous nous sommes amusés à laisser filer notre esprit. C'est de l'écriture automatique, il faut chercher le sens dans ses recoins les plus insoupçonnés. Et parfois il n'y en a pas. Faites-moi le plaisir de ne pas trop y accorder d'importance, cria-t-il de loin.

Elles devaient se rendre à Colmar avec Georges qui les y retrouverait. Georges était devenu un ami. Simone lui confiait sa cousine les yeux fermés. Il était tout à la fois sauvage et affectueux. Elle se plaisait à discuter avec lui devant un bon feu de cheminée, Denise tricotant à leurs côtés. Il aimait la chose publique. Tout, politiquement, les séparait. Lui anarchiste, elle de gauche, volontiers libérale. Elle lisait *Le Cri du peuple*, il préférait *Le Flambeau*, « l'organe des ennemis de l'autorité ». Mais ils partageaient le même intérêt pour la peinture, accueillant tous deux la modernité à bras ouverts et nourrissant un amour immodéré pour Mondrian, une bouffée d'air pur après des siècles irrespirables de belle peinture. C'était cela qui réveillait Simone de ses torpeurs chroniques : l'expression artistique cinglante, novatrice, volontiers marginale. Elle ne connaissait pas, en art, la frilosité et la tiédeur et toute sa vie – de son quotidien au choix de ses amis – était consacrée à se tourner vers un monde nouveau, plus radical et méconnu.

Simone et Denise devaient quitter Sarreguemines le lendemain, cela atténuerait son chagrin d'adolescente qui voit partir son amour de vacances. Simone aimait les voyages, elle collait sa joue à la fenêtre et se laissait étourdir par le paysage délavé par la vitesse. C'était comme une toile peinte à la hâte. Simone, yeux dans le vague, se confia.

– Denise, il m'a pris la main. Je l'ai laissée dans la sienne.

Simone était comme sous le choc de ces quelques jours. Ils se transformaient peu à peu en un mirage dont elle retenait la dernière vision.

– Il te dévore des yeux, il ne sait plus vivre sans toi.

Denise promit à Simone de lui envoyer le petit reportage photographique qu'elle avait fait d'eux. Elle avait consigné là un précipité d'émotions et se demandait si l'amour y serait visible. Un être amoureux se comporte d'une façon particulière. Il devient ce pantin manipulé par des forces qui le dépassent.

– Vous étiez deux oiseaux dans la même cage, poursuivit sa cousine.

Les quais de la petite Venise de l'Est les attendaient. Simone aimait Colmar et ses maisons à colombages, ses fleurs aux fenêtres et son allure de carte postale vivante. Une petite ville de province, coquette et quiète. Denise et elle descendaient toujours au même hôtel, *Le Reiset*, une maison râblée dont les colombages habillaient la façade. Leur chambre donnait sur un canal étroit comme un filet d'eau, dont le vis-à-vis était presque oppressant. Elles avaient leurs habitudes dans le vieux Colmar, au *Koifhus*, un restaurant tenu par une femme opulente, Jeannette, connue de tous pour confectionner les meilleurs mannele de la région. Simone aimait aussi l'Alsace pour sa langue, qu'elle tenait dans son cœur pour maternelle, même si elle ne la maîtrisait que phonétiquement. Elle aimait leurs fêtes et leurs foires au vin. Denise, en bonne petite Alsacienne, avait un costume traditionnel, un long manteau à traîne, une robe dont le décolleté était trop profond pour être sage et un chapeau à voile. Elles prirent la direction de la collégiale Saint-Martin, gothique mais discrètement romane. Simone avait toujours préféré le roman, ses voûtes, ses fresques et le charme de ses tentatives pour s'élever vers la lumière.

Après leur escapade, de retour à Sarreguemines, l'été avait filé à l'anglaise. On avait ressorti des placards les grosses laines et le poêle avait repris du service. Tante Luce prétextait que le temps fut « glacial » – elle n'en faisait jamais moins – pour faire une tarte toutes les deux heures. Les pieds contre le poêle, Simone lisait le numéro de *Dada* que Breton lui avait laissé. Il tentait d'évangéliser son esprit et essayait coûte que coûte de la convaincre de la nécessité de ces réunions et du brio artistique qui en émanait. Mais, tenace, elle avait objecté : « Vous me faites un lavage de cerveau, André ! » Elle tenait ferme et campait sur ses positions, ne se satisfaisait pas de toute cette ode à la décroissance. Ils disaient jouer aux enfants quand elle y voyait, elle, des enfantillages. Elle n'aimait pas les dessins mécanomorphes, parce qu'elle n'aimait pas les machines, préférant un monde qui tourne sans rouages et comme par magie. Encore moins les onomatopées, il faudrait qu'il s'y fasse. Elle ne condamnait pas la régression mais ne trouvait en elle aucun écho. « Et ce nom "Dada", choisi au hasard dans le *Petit Larousse* ! », avait-elle objecté. Rien ne lui paraissait moins construit. Simone avait demandé maintes fois à Breton et Rigaut ce qui leur était passé par la tête d'avoir prié Tzara de les rejoindre à Paris. On ne jurait plus que par lui, c'était incompréhensible. Les revues qu'elle lisait, elle s'en exaspérait en pestant *in petto,* louaient sans exception celui qu'elle qualifiait désormais d'énergumène.

Aragon, Soupault et Breton, « les trois mousquetaires », avaient attendu Tzara comme le messie. Jusqu'au jour où il les avait, enfin, honorés de sa venue. Il était arrivé dans ce Paris d'après-guerre prêt à catéchiser les esprits avec sa verve désormais bien connue. S'était formé autour de lui un petit cercle, admiratif et presque déférent. Dès son arrivée avait été organisé un Festival Dada, salle Gaveau. Picabia, Éluard, Soupault, Ribemont-Dessaignes, tous étaient présents... Breton avait dit à Simone qu'elle avait raté là quelque chose ! Ils avaient rasé leur crâne sur une petite estrade face à un public déchaîné, et avaient laissé place à une candeur débonnaire en ne trouvant rien de mieux à faire que de se jeter des pelures de pomme de terre au visage. Le tout au son d'un orgue pour donner tout de même un peu de tenue et solennité au moment. Un homme grimé en *nègre*, lui raconta encore Breton, avait scandalisé. Jacques Patin du *Figaro* en avait conclu que le dadaïsme n'était qu'un « méchant article d'exportation ». Mais personne n'en avait pris ombrage et ils avaient continué leurs petits numéros. Simone regrettait – il lui fallait bien l'admettre – de ne pas avoir pu juger sur pièce ce moment fondateur, mais elle aimait se dire qu'elle n'avait pas succombé à la propagande. La seule chose qu'elle aimait chez eux, finalement, c'était Breton, son Breton, qui finirait bien par se défaire de cette tripotée d'amis tout feu tout flamme, gamins un peu perdus, têtes bouillonnantes et déboussolés par cette abominable guerre. La bataille des Dardanelles n'était pas loin. Semblait encore fumer le sang brunâtre des tranchées. Elle n'avait rien vu, rien vécu de cette guerre et avait suivi depuis son fauteuil et son journal ces années terrifiantes, la deuxième révolution russe, les mutineries. Son père avait un ami arménien qui avait perdu toute sa famille dans le génocide. Elle l'avait su plus tard et avait eu l'impression de déterrer des cadavres. Elle avait été protégée. Par ses parents, par la vie. Peut-être avait-elle trop les mains propres pour apprécier toute la violence des Dada. Breton avait, lui, senti de près les odeurs purulentes des plaies ouvertes. Un jour, elle lui demanderait de lui raconter. L'hôpital de Nantes où il fut infirmier. Le 17e régiment d'artillerie. L'hôpital psychiatrique où il vint en aide à des soldats qui avaient vu de trop près le feu. Et l'hôpital du Val-de-Grâce où il avait rencontré Aragon. Dada était né du sang et tentait de respirer à nouveau par les mots. Dada ne la touchait pas parce qu'elle avait été préservée. Parce qu'elle avait dormi dans du coton égyptien alors qu'ils étaient boueux et poussiéreux livrés à leurs cauchemars sur un lit de camp.

Le ciel bleu et froid bordait les fronts déliés par ce temps parfait. Simone, heureuse, laissait se promener en elle des émotions pures. Elle profitait de ce séjour pour lire cinq heures par jour et marcher, émue d'avoir rencontré un homme qui puisse faire naître chez elle un sentiment d'éternité. Elle sortit en grosse veste de tweed, *Les Chants de Maldoror* serrés contre sa poitrine et s'installa sous le platane de sa jeunesse. L'ouvrage était épuisé. Breton lui avait envoyé assorti d'un petit mot : *Ducasse a pris pour pseudonyme le comte de Lautréamont, il signe ici une belle attaque à l'humanité, vous verrez qu'il est encore plus anticonformiste que nos amis dada qui lui doivent tout ! Ce livre vous en dira plus sur moi. Il me rappelle de bons moments. Je l'ai lu à haute voix pendant des heures quand j'étais mobilisé avec Aragon à l'hôpital pendant la guerre.* L'exemplaire était corné et jauni, Rigaut l'avait lui-même prêté à Breton. On se le repassait comme une denrée rare en temps de guerre. Simone leva les yeux et rougit à la lecture de cette phrase : *Pourquoi n'es-tu pas avec moi, ton ventre de mercure contre ma poitrine d'aluminium, assis tous les deux sur quelque rocher du rivage, pour contempler ce spectacle que j'adore !*

Un ventre de mercure, l'image était si belle, si juste. Sous sa plume, le métal liquide courait dans les veines des amants. Les poètes possèdent un champ de pensée sans limites, leur stimulation mentale justifie tout. Personne n'a la capacité d'arrêter les chevaux de leur esprit désireux d'embrasser la folie du monde. Six chants, une seule vision. Breton y voyait, lui avait-il dit, une œuvre qui lui avait fait du bien. Il se sentait moins seul avec ses démons. Les livres sont parfois de bien salvateurs comparses. Ils déclament à visage découvert l'inavouable.

Sa mère l'avait appelée, furieuse. Elle avait appris, par une malheureuse gaffe de Luce, que Breton leur avait rendu visite. Simone se sentait prise en faute. Elle avait menti par omission, ce qui était une insulte suprême pour sa mère. Elle était sur son dos et voulait tout régir, même à distance. Piloter un avion dans lequel elle n'était pas. Luce avait défendu Simone bec et ongles, mais Anne-Blanche avait fait tout un foin et, intrusion désagréable, s'était faite l'avocate de Voldemar. Simone rageait. Cette indiscrétion lui était restée en travers de la gorge. Mais, impuissante, elle ne trouvait rien à dire. Elle n'avait plus qu'à attendre que la tempête passe. Le pire dans cette histoire était que la colère de sa mère la rappelait violemment à l'ordre : elle n'était pas transparente auprès de Voldemar. La distance ne justifiait pas tout. Elle lui devait, autant qu'à elle-même, de lui écrire, en souvenir de ce qu'ils avaient été l'un pour l'autre, de ce qu'elle était peut-être encore pour lui, et de tenter de trouver les mots pour, enfin, lui dire. Mais lui dire quoi ? Qu'elle avait caressé la main d'un homme ? Qu'elle ne regardait plus que vers un seul astre ? Que son corps était traversé d'épines depuis que cet homme était parti ? Elle lui devait la vérité. Ils ne s'étaient plus écrit depuis deux mois, lui permettant de se réfugier derrière leur silence. Les non-dits quand ils s'installent gangrènent les relations et les grignotent jusqu'à la moelle. Puis, ils prennent toute la place et édictent un nouveau régime : la haine. Elle avait fait son examen de conscience et tenta sur le papier : *Voldemar, mon ami, nous avons laissé le silence prendre racine entre nous. Je veux vous épargner un laïus, je veux vous protéger. Je ne sais pas comment l'amener mais je ne peux plus taire la rencontre que j'ai faite. Vous blesser est la dernière chose que je souhaite. Quand rentrez-vous ? Nous pourrions nous retrouver à* La Coupole, *j'ai un petit cadeau pour adoucir ce moment que je sais d'avance pénible. Voudrez-vous me faire le plaisir de me raconter vos Amériques ? Ma confiance, Simone.*

Comme il était étrange de voir l'éloignement s'exprimer en tant de natures différentes. Breton était loin, mais il était présent en chacun de ses gestes, en chacun de ses rêves. Voldemar était loin, lui aussi mais il était devenu ce poids qui pèse lourd dans la balance, jusqu'à la renverser. Elle avait besoin de Breton. Dans sa poche, elle serrait le briquet à essence en laiton qu'il avait oublié sur le meuble de l'entrée. Alors que sa mère lui demandait implicitement de s'en éloigner, elle ne s'en sentait que plus attachée. Elle espérait des mots rassurants et lui en réclama explicitement : *Puis-je vous demander de m'écrire tendrement, André ? Je vous joins les quelques photographies que cette vilaine de cousine a prises de nous, André, vous savez me regarder.*

Elle allait souvent dans ce coin du jardin où ils avaient fait semblant de ne pas poser. Ils avaient volontiers accepté ce troisième œil qui guettait leurs attitudes de jeunes débutants. Depuis ce jour, elle le portait en elle, passager incontrôlable. Son enveloppe charnelle lui faisait l'impression de s'être gonflée comme une voile pour l'accueillir.

Elle voulait savoir ce qu'il portait. Sous quel ciel il était. Si les balades qu'il faisait sur le littoral étaient longues. S'il en revenait épuisé. Et puis, à quelle heure il s'endormait et ce qu'il mangeait. Elle voulait le voir agir sans qu'il ne le sache. Être omnisciente comme Dieu, discrète comme une lune naissante. Breton rentrerait à Paris le 4 octobre et avait demandé à Soupault de lui trouver un endroit où loger à son retour. L'absence devenait insoutenable. Les mots de Breton l'avaient percutée de plein fouet, elle se sentait accidentée, rescapée du grand trauma du voyage amoureux. Leurs mots étaient devenus ces espaces libres taillés pour l'explosion du fantasme. Tout ce qui pouvait l'éloigner de Breton la contrariait. Elle s'inquiétait sans cesse de son état, plus rien ne la captivait et même la lecture, qui la plongeait d'habitude dans une intériorité vivante, la lassait aujourd'hui. Elle fermait souvent les paupières pour penser à lui, mais chaque fois qu'elle les rouvrait, il avait disparu. Son absence la privait d'elle-même. Simone n'avait pas faim, l'appétit coupé. Elle avait le cafard, un bourdon pas possible depuis deux jours. Elle regardait les ronds de table et son assiette comme la promesse d'un trop long déjeuner.

– Tu es avec nous Simone ? lança sa cousine.

Elle était physiquement là mais absente pour les autres. Elle aurait voulu tout quitter pour Lorient, affronter cette horrible ville dont l'unique intérêt résidait en un seul être.

À Paris, elle retrouva sa tanière, ses odeurs et son quotidien. Mais aussi, moins gai, l'air revêche de sa mère. Elle lui faisait payer le fait d'être partie si longtemps sans donner de nouvelles. Simone avait choisi de rester en Lorraine sans la prévenir, la rentrée s'annonçait mal. Elle allait être en retard à son rendez-vous, Breton l'avait invitée à le rejoindre au Musée de Cluny. Sa mère lui boudait son plaisir, elle était triste de voir leur complicité s'amenuiser de jour en jour. Elles, si proches jusqu'à l'adolescence, étaient aujourd'hui presque deux étrangères. Simone lui cacha l'identité de celui qu'elle retrouvait et fuit aussitôt après avoir murmuré au revoir. Les hostilités étaient lancées. Devant le musée, Breton jetait un sort à l'impatience en lisant *Littérature*. Elle reconnut le costume qu'il portait lors de leur première rencontre. L'excitation laissa place à la peur de retrouver celui qu'elle avait laissé quelques semaines plus tôt. Il était redevenu cet inconnu avec qui il fallait prendre ses marques, même si, désormais, dans la valise de leurs souvenirs dormaient leurs mots et leurs promesses. Breton l'aperçut et courut jusqu'à elle, bras ouverts.

– Venez là, Simone !

Il suait un peu du front malgré la température automnale et ne parvenait pas à cacher son émotion. Il la tint dans ses bras. Elle, timide, se risqua à poser sa tête sur son épaule. Elle se sentait désormais à la maison, comme revenue d'une contrée lointaine pour retrouver enfin sa place. Elle reconnut son odeur, celle qui embaumait la chambre d'hôtel qu'il occupait à Sarreguemines. Tout remonta, les rêves, leur chute à vélo, leurs mains hésitantes. Elle sentit son souffle chaud dans le creux de son oreille, elle connaissait jusqu'à son haleine, un mélange de pain chaud et de vinaigre. Il lui déposa un baiser dans le cou.

– Vous êtes encore plus belle que dans mon souvenir, Simone, restez dans mes bras, ici, un peu.

Elle se blottit et enfouit son visage dans cette veste un peu râpeuse qu'elle sentait sur sa joue pour la première fois. Elle découvrait les arêtes de son corps, tandis que se dessinait sous ses doigts une géographie d'un corps nouveau. Ses omoplates s'agitaient sous ses mains à mesure qu'il la serrait contre lui.

L'exposition sur la Dame à la Licorne à laquelle l'avait invitée Breton leur promettait une heure ensemble, en compagnie de ce chef-d'œuvre de la Renaissance. Debout, devant ces six tapisseries du début du XVIe siècle, ils se turent un instant. Tout bas, il chuchota dans son oreille.

– Sur cette île nous sommes les animaux.

Simone sourit, elle aimait les allégories qu'il tirait de chaque situation. Il poursuivit, tournant autour d'elle.

– Vous êtes cette femme parée de velours, votre héraldique m'est inconnue, mais je la découvrirai avec le temps et je la ferai mienne.

Il parlait comme il écrivait. Il continua son petit manège.

– Et cette devise, « mon seul désir », lisez-y le mien.

Elle fut surprise qu'il employât le mot « désir ». Pour la première fois, Simone sentit un picotement parcourir les lèvres de son sexe. Cette partie-là de son corps lui était encore un peu étrangère. Elle avait toujours tenu pour territoire interdit son bas-ventre. Mais la seule présence de Breton, sa seule voix avait réveillé cette zone nue, chaude, jusqu'alors restée muette. Elle cacha sa gêne et le suivit à petits pas, hésitante, jusque chez lui où il l'avait conviée. Brouillé avec ses parents, il dormait chez Soupault, quai de Bourbon, à l'entresol, sur la Seine, au coin de l'île

Saint-Louis. Il fallait baisser un peu la tête pour entrer dans cette chambre mansardée, où la fenêtre était juste un peu plus haute que le parapet. Elle pénétra dans une pièce au papier peint vert sapin, meublée seulement d'un divan posé face à ce qui s'apparentait à une forteresse de livres. Breton, l'air un peu sombre soudainement, la troubla.

– Votre figure s'est refermée, André...

Sa situation l'inquiétait. Depuis qu'il avait exclu de poursuivre la médecine, ses parents l'avaient sommé de trouver une position. Il cherchait désespérément sans rien trouver.

– Vous allez trouver, André, je n'ai nulle inquiétude et j'ai confiance en vous.

Soupault n'était pas là. Il avait laissé les clés à Breton qui était très à l'aise dans ce petit espace niché sur la plus charmante des îles parisiennes. Simone ouvrait tous les livres qui étaient à sa portée. Elle en avait lu un certain nombre, et se reconnaissait une affinité avec leur propriétaire. Voit-on le monde de la même façon lorsqu'on lit les mêmes ouvrages ? Est-on destiné à être amis quand sur sa route on a aimé les mêmes personnages ? Elle eut soudain envie de discuter avec Soupault du *Lys dans la vallée* et savoir ce qu'il pensait de Mme de Mortsauf. Candide ? Prude ? Au fil des années, elle avait observé que la lecture qu'en avaient faite ses interlocuteurs était révélatrice des rapports qu'elle entretiendrait ensuite avec eux. Mais Breton, qui avait oublié son mouron et était désormais bien plus préoccupé par la cour qu'il allait faire, retira le livre des mains de Simone et la guida jusqu'au canapé. Un long silence s'installa. Ils ne se regardaient pas, n'osaient pas affronter ce moment de profonde intimité où deux êtres se retrouvent seuls face à eux-mêmes bien que si proches l'un de l'autre. L'instant était terriblement mal choisi, mais il lui fallait confesser à Breton l'existence de Voldemar. La gorge serrée, elle se lança.

– André, dit-elle tout bas, je ne sais pas comment vous le dire mais j'y pense sans cesse, je suis liée à un homme, Voldemar, qui doit revenir d'un voyage aux Amériques d'ici peu. Je n'ai jamais trouvé le moment pour vous en parler. Mais il faut me comprendre, il y a quatre mois, je ne vous connaissais pas.

Elle se leva, cacha son visage, un peu honteuse, et alla coller son nez à la fenêtre. Dehors, la Seine coulait, d'un vert boueux, presque noir. Les nuages, gris sombre, volaient bas. Dans le silence de la petite chambre, Simone poursuivit d'une voix étranglée.

– Mais je lui ai dit que j'avais rencontré quelqu'un, dit-elle en le regardant.

– Simone, je n'ai pas peur de vous attendre, répondit-il en la priant de le rejoindre.

Délicatement, Breton lui prit le visage entre ses deux mains et l'embrassa à la commissure des lèvres. Une décharge électrique traversa le corps de Simone, leurs nez se frôlèrent et, interdits, ils restèrent là, immobiles. Dans un sursaut, Simone reprit ses esprits et rassembla ses affaires d'un geste rapide.

– Je ne peux pas !

André, mon cher André, mon doux oiselet, j'ai pris peur et la fuite. Rejoignez-moi au Lutetia *à 16 heures, il y a un thé dansant. Dites à Rigaut de nous rejoindre. Tendrement.*

Alors qu'elle se préparait à partir, elle croisa sa mère. Elle avait sorti le service à thé des grandes occasions.

– Simone, tu te souviens que M. de Rougemont nous rend visite ? dit-elle d'un air sévère.

Sa posture, figée, lui donnait l'allure d'un arbre tout juste planté. Une tasse à la main, elle continua.

– Tu ne peux pas partir, pas maintenant.
– Mais vous ne m'avez pas prévenue. Qui est ce Rougemont ?
– Un banquier de la Banque de Paris et des Pays-Bas que Tante Laure nous a présenté il y a peu. Il est divin.
Malgré elle et l'envie irrésistible de décamper, Simone reposa son sac et sa veste et s'assit. Il fallait qu'elle prévienne Breton, mais Rougement, déjà, était arrivé. Long, fin comme un aigle, brun, taille fine, le nez gracieux, le regard décidé, elle fut saisie par sa beauté. Il était catho bon teint, et inspirait la confiance. Comment être dupe ! Sa mère avait tout manigancé ! C'est certain qu'à côté de Breton, Rougemont était le candidat parfait à sa main. De rage, elle prit son manteau et son sac bourse, salua Rougemont et claqua la porte. Elle n'avait qu'une seule hâte, retrouver Breton et lui raconter quel guet-apens sa mère lui avait tendu. Au Lutetia, elle avait ses habitudes, sitôt arrivée, on lui apportait un chocolat viennois. Breton l'attendait.
– Rigaut n'a pas pu venir, vous devrez souffrir ma seule compagnie.
Elle le soupçonnait de ne pas lui avoir demandé de les rejoindre. Qu'importe.
– Je crois que Maman veut me marier à un certain Rougemont. J'ai quitté l'appartement en trombe, je ne sais pas si elle me reparlera un jour.
Encore essoufflée, Simone n'avait pas même encore pris le temps de se dévêtir. Breton l'aida à enlever sa cape et la débarrassa de son sac.
– Calmez-vous, mon petit.
Elle aimait ce surnom et l'entendre dans la bouche de Breton l'apaisa immédiatement.
– Venez danser, venez.
Sur la piste, dans ce salon, sur ce morceau, ils oublièrent tout. Leurs parents, Voldemar, l'argent qui n'arrivait plus. Tout.

André posa sa bouche sur la main de Simone et, lentement, remonta cette bouche, sur ce bras, puis sur cette épaule et sur ce cou jusqu'à ces lèvres. Leurs bouches étaient unies et jouaient leur propre danse. Simone ferma les yeux, sentit le souffle de ses narines, elle n'osait respirer de peur de troubler ce moment suspendu. Elle était tout entière sa bouche. Son esprit s'était comme vidé sous un appel d'air. Refermant la bouche, elle regarda les lustres à pampilles au-dessus de leurs têtes et elle ne sut si c'était la lumière ou le baiser qui l'avait éblouie. Elle tourna la tête et planta ses yeux dans ceux de Breton.

– Je ne serai plus jamais seule, André.

Impardonnable, inqualifiable. Sa mère ne lui adressait plus la parole et évitait son regard quand elles se croisaient dans le couloir. Anne-Blanche ne communiquait plus que par de courtes notes qu'elle laissait en évidence sur la table de la salle à manger. La dernière était d'une douceur absolue.

Je dois m'en remettre, et je le regrette, à un ultimatum. Soit tu renonces à voir Breton, j'ai encore en travers de la gorge que tu ne m'aies pas prévenu qu'il te rendait visite à Sarreguemines, soit je te coupe les vivres. Quant à Rougemont, il a accepté de revenir samedi pour le thé, tâche d'être présente cette fois et autrement nippée.

Cette lettre assassine s'ajoutait au triste courrier que Voldemar lui avait adressé. Il n'en revenait pas, il perdait son amie, son amour sans que personne ne l'y eût préparé. Il était certes loin mais jamais n'avait pu imaginer la perdre. Il était inconsolable, il changerait tout s'il fallait changer, il abandonnerait ses études américaines s'il le fallait. Elle n'éprouvait aucune peine. Elle se sentait même soulagée. Mentir lui semblait un fardeau bien plus lourd à porter que la vérité. Dans le vrai se logeait toujours une part d'espoir. Elle avait fait de l'honnêteté un mot d'ordre, une promesse à elle-même. Elle préférait le savoir triste plutôt que dans le néant. Il revenait dans un mois, elle espérait s'en faire un ami. En attendant, elle ne lui écrirait plus. Quand elle pensait à lui désormais, elle l'imaginait comme un petit être recroquevillé sur lui-même. Alors qu'elle était cette plante sauvage que rien ne pouvait éloigner de ses désirs. Elle l'avait coupé d'elle, elle l'avait déraciné.

Désormais, elle n'était préoccupée que par une seule chose, éviter Rougemont. C'était d'autant plus difficile qu'elle l'avait trouvé bel homme. Avant, dans une autre vie, peut-être, aurait-elle accepté ce mariage arrangé, mais elle refusait désormais d'être la poupée de ses parents. Janine passa son nez dans l'encadrement de la porte de sa chambre et lui glissa, complice :

– J'ai su par Maman que tu avais détalé comme un lièvre l'autre jour. Résiste autant que tu peux !

C'était mercredi, jour de réunion au Certa. Comme l'air était vicié, Simone prit pour refuge la rue. Elle avait envie d'un porto flip et de tout oublier. Rien de pire que d'être prisonnière de desiderata adverse. Elle trouvait la situation proprement injuste et se sentait attaquée de toutes parts, depuis ses propres lignes supposées alliées. Elle avait besoin d'air et de l'asile que lui offrirait Breton. Et de son porto flip. Quand elle arriva, Tzara, Einstein et Aragon étaient déjà occupés à se maquiller. Ils se réunissaient pour organiser la libération d'oiseaux à la ménagerie du jardin des Plantes. Les Dada, elle l'avait compris, vénéraient les animaux car ils pensaient comme eux, fidèles à leur instinct. Bianca en avait même développé une nouvelle lubie depuis quelques mois, et voulait à tout prix adopter un bébé panthère ! Fraenkel, naturellement, faisait opposition mais, Simone le savait, Bianca finissait toujours par l'emporter. Breton arriva, chapeauté, élégant malgré sa pauvreté, rasé de frais. Il avait rapporté un masque que Janco, décidément préposé au grimage, lui avait confectionné. C'est aussi lui qui fabriquait leurs perruques. Un peu breloques, un peu mal fichues, mais amusantes. Simone se sentait avoir rejoint leur camp. Elle se trahissait elle-même. Elle qui dédaignait les séances dada quelques mois plus tôt, leur trouvait aujourd'hui un intérêt soudain. Son amour pour Breton justifiait tout et modifiait sa perception. Elle voyait désormais le monde à travers la loupe grossissante qu'il lui tenait. Elle avait trouvé un guide spirituel à qui elle se remettait sans réticence. La séance commença. Éluard, pour tester la qualité de son texte, lut ses récents poèmes qui seraient bientôt publiés sous le titre *Les Animaux et leurs Hommes*. Il déclama les vers sans regarder sa feuille, avec cœur. Tous tenaient ce texte pour de la grande prose. Elle glissa à l'oreille de Breton :

– Dada est plus sage que d'habitude, je me trompe ?

– Vous êtes sévère... répondit Breton.

Picabia supervisait des collages que leur ami allemand John Heartfield leur avait envoyés. Simone s'y prêta elle aussi, contente après tout de se laisser aller. Face à ces morceaux de papier, elle oublia, pour un temps, le rôle d'enfant docile que ses parents voulaient lui faire tenir. Elle découpa une chèvre brune dans un magazine animalier, y superposa l'image d'un œil en son milieu.

– J'ai l'impression d'avoir huit ans, mais Dieu que cela libère.

Breton lui posa une main sur l'épaule.

Ce matin, Bianca, pour une fois, arriva à l'heure. Sa mère, toujours aussi aimable, les pria d'aller, comme on aurait congédié des enfants, dans la chambre de Simone. Entre mère et fille, les relations étaient de plus en plus tendues, et désormais même son père ne lui adressait plus la parole.

– Tu as vu l'air détestable de Maman et dans quel mutisme est plongé Papa ? commenta Simone.

Elle faisait tourner sa montre sur son poignet, crispée.

– Cela va leur passer, s'essaya Bianca. Ils ne vont pas camper sur leurs positions bien longtemps. Je prédis : un mois, pas plus !

Simone reprit tout à coup espoir, comme si elle eut reçu un coup de fouet. Un gentil fouet. Simone lui prit la main.

– C'est irrespirable, j'ai eu tort de te donner rendez-vous ici, je m'obstine à faire comme si tout était normal, allons retrouver Fraenkel.

Ils passèrent la plus grande partie de la journée dans les allées du parc Monceau. Simone tenait du bout des doigts sa robe d'automne légère, se caressant sans le vouloir la cuisse. Ils s'installèrent tous trois autour du large bassin bordé de colonnes. Non loin, se tenait une grande arcade qu'elle aimait bien, miraculée de l'incendie de l'Hôtel de Ville. Elle s'approcha pour l'admirer d'un peu plus près, et ne put résister à raconter son histoire à ses amis, restés assis quelques mètres plus loin, en criant pour se faire entendre. Elle aimait l'histoire pour ce qu'elle dégage et célèbre des destinées hors du commun. Combien d'oubliés pour un héros ? La plupart des hommes partent comme ils sont arrivés, inconnus, dispensables. Fraenkel et Bianca l'observaient, amusés et soulagés de la voir, malgré tout, légère.

– Si je dois ne plus voir mes parents, s'emporta-t-elle soudain, je le ferai. Je trouverai un travail et je vivrai par moi-même. Si je dois choisir entre eux et Breton, le calcul est vite fait. Il n'y a qu'une chose qui me console, le voir. Et en même temps, je me sens tellement coupable ! Je voudrais me détacher de tout cela, mais je n'y arrive pas, vous comprenez je suis loyale, fichtrement loyale et cela me perdra.

Fraenkel et Bianca ne répondirent pas mais elle savait qu'ils seraient toujours vent debout, à ses côtés. La fraîcheur eut raison de leur promenade. Bianca, voulant témoigner de leur solidarité, leur enjoignit de se serrer dans les bras tous les trois. L'accolade serra le cœur de Simone.

Elle avait rendez-vous avec Breton, 9 place du Panthéon, pour mettre en page un numéro de *Littérature*. Haut les cœurs tentait-elle de se convaincre. Il l'attendait sur le perron. Dans l'escalier, il la prit par la taille.

– Vos parents se braquent-ils toujours autant ? Je n'en dors pas, vous savez ?

Elle soupira et se tourna vers lui.

– Ils me font passer pour une méchante fille, quel dégoût, je suis à bout, complètement à bout, André.

Attablés à leur bureau, côte à côte, ils avaient sous les yeux les manuscrits de leurs amis. Un premier de Clément Pansaers, un Belge, nouveau venu.

– Enfin un étranger, s'écria Simone ! Vous versez trop dans le nationalisme, voyez plus vaste !

Breton sourit, lui donnant raison. Il leur avait envoyé son *Pan-Pan au cul du nu nègre* qu'elle adora découvrir. Comme dans ce poème, elle-même poursuivait le bonheur, « plus lourd que l'air ». C'était pour ces moments d'osmose avec un texte qu'elle aimait tant la littérature : lorsque les mots se posent si parfaitement sur un état. Aragon, de son côté, fouaillait Spire pendant qu'un poème de Drieu la Rochelle *Fond de cantine*, perfection du rythme et scandaleuse beauté des images, nourrissait ce numéro bien fourni. Simone avait pris la tête des opérations. Elle aimait la simplicité, l'épure de la maquette et c'était elle qui avait aménagé le chemin de fer pour Breton. Elle lui avait même soumis l'idée de changer de papier, trouvant à celui de Hollande un aspect un peu rêche. Simone regarda du coin de l'œil André corriger les épreuves et fut prise d'une émotion immense et implacable : elle réalisa qu'elle avait à ses côtés un homme qu'elle admirait tout entier. Sa beauté n'étant qu'un prétexte pour aimer son esprit.

* * *

Avenue Niel, l'atmosphère était pesante, on sentait dans l'air des tensions noires, profondes qui semblaient irrémédiables. Quinze jours sans que son père lui adressât la parole. Il passa devant l'embrasure de la porte, le regard dur.

– Bianca a téléphoné. Elle te rappellera plus tard.

Lapidaire. Froid comme l'hiver naissant qui saisit les membres car il reprend trop vite ses droits. Elle s'effondra sur son lit qu'elle ne quittait plus depuis deux jours. La situation s'était dégradée. Elle n'en voyait plus le bout et était plongée dans un tunnel sans lumière. Le jour, elle vivait désormais en apnée. Voir Breton en cachette était devenu intenable. Elle portait sur son visage une tristesse qui n'épargnait pas ses traits. Ses yeux étaient cernés et rougis par les pleurs. Être punie d'aimer, scandaleuse histoire. Elle se faisait l'impression d'un condamné à mort dans sa dernière geôle. Le seul espoir qu'elle avait encore tenait dans l'hypothèse que Breton trouvât un travail. Alors ses parents dédramatiseraient et l'aimeraient à nouveau. Car le pire dans ce paysage désolé n'était pas tant l'injustice dont elle était la victime que la peur de ne plus être aimée. Cette peur si profonde et terriblement naturelle, innée, d'être abandonnée par ses parents. C'était l'endroit même de ses craintes. L'angoisse princeps l'accompagnait depuis quelques jours, une angoisse d'autant plus rouge et brûlante qu'elle était sans précédent. C'était sans doute la pire journée pour rencontrer Rougemont, mais il arriva et, avec lui, sa bonne humeur insupportable dans ce contexte accablant. Sa mère avait à nouveau sorti la porcelaine et s'était apprêtée comme un jour de mariage. Simone eût voulu disparaître. Son père proposa au jeune homme, lui aussi tiré à quatre épingles, un cigare, la forçant à être le témoin de cette insupportable complicité masculine. Ses parents avaient sorti le grand jeu et tentaient tant bien que mal de masquer l'ambiance parfaitement délétère. Mais comme les enfants qui sentent tout, Rougemont était terriblement mal à l'aise et proposa de remettre à plus tard sa visite. Il avait cerné dans les expressions de cette petite famille désaccordée un sentiment pénible et vague dont il ignorait la nature. Ils s'installèrent malgré tout au salon, burent le thé à la façon de gens respectables, en silence et l'auriculaire levé. Comme pour apaiser les tensions invisibles, Rougemont se lança dans un monologue douloureux et fit dérouler un trop long parcours, d'abord une année de propédeutique dans son Rouen natal, puis la décision familiale qu'il assisterait son père, directeur de la Banque de France et des Pays-Bas. Un bien né, doré, verni, sans tumulte et sans orage. Il avait tout pour lui, surtout la beauté. Mais elle le regardait comme on contemple un beau tableau dont on n'aime pourtant ni la facture ni le sujet. Elle traitait par le dédain ce portrait de cour sans âme. Parce qu'il lui fallait se joindre à la mascarade, elle fit semblant de s'intéresser à ce parfait inconnu, inoffensif et jovial et lui posa la question fâcheuse de savoir s'il aimait les lettres. Sa mère, qui, malgré tout, connaissait sa fille et comprenait par là que Simone tendait un piège au jeune prétendant, haussa les yeux qu'elle replongea dans son thé.

– Je laisse le soin à d'autres de lire, je n'ai jamais su finir un seul des ouvrages que j'avais entamés. J'en ai honte, mais j'ai d'autres qualités !

« Ah oui ? Quelles autres ? », se retint de répondre Simone. Une heure plus tard, le service à thé nettoyé, rangé, Rougemont avait quitté les lieux comme il était arrivé, sûr de lui. Simone qui avait l'impression d'avoir triomphé se sentait, au moins pour un temps, apaisée.

– Il n'aime pas lire, j'imagine que vous n'accepterez pas de me jeter dans les bras d'un inculte.

Son père, qui n'avait pas reçu d'éducation classique et avait été, au Pérou, à la tête d'une exploitation de caoutchouc, tenait à ce que ses filles soient cultivées. Elle avait marqué un point. Restait à remporter la bataille.

La salle était comble, l'orchestre s'accordait. Les bruits des violons montaient dans l'air comme des feuilles sous l'effet du vent. Fraenkel et Bianca s'étaient apprêtés comme des provinciaux montés à la capitale. Le théâtre des Champs-Élysées jouait ce soir la *Symphonie fantastique* de Berlioz. L'histoire de cette création plaisait à Breton, il la relata à ses amis, plein d'orgueil comme lorsque l'on se sait face à une assistance qui ne sait pas.

– Berlioz est tombé fou amoureux d'une comédienne, Harriet Smithson, une Irlandaise qu'il avait vue jouer dans *Hamlet*. Avec cette symphonie il voulait la séduire. C'est l'histoire de son obsession.

À l'entracte, ils s'improvisèrent jeunes critiques. « La scène de bal, grandiose ! Le pastoral encore mieux ! » Breton surjouait l'enthousiasme comme un orateur haranguant une foule, se risqua même à mimer un musicien et son trombone. Face à ses gestes grandiloquents et un peu ridicules, Simone eut un peu honte de lui et fixa ses bottines pour ne pas avoir à endurer cette scène plus longtemps. Elle avait aimé le troisième tableau, celui de l'échafaud et avait trouvé l'orchestre incroyablement expressif. Le quatuor décida d'aller dîner à *La Closerie des Lilas*.

En chemin, Simone et Bianca se prirent par le bras. Bianca semblait absorbée par une mauvaise nouvelle, elle se confia après un long silence qui trahissait sa préoccupation.

– J'ai peur que Fraenkel ne voie quelqu'un.

Simone fut tellement surprise qu'elle lâcha un « Non ! » sonore dans la nuit, un non qui hésitait entre l'interrogation et la réponse. Fraenkel se retourna, Breton à son tour.

– Tout va bien, les agneaux ?

Breton avait une réserve inépuisable de surnoms qui attendrissaient Simone. Elle était tour à tour son oiseau, sa biche, et, dans les moments où il se moquait gentiment d'elle, son otarie. Bianca, insista.

– Si, j'ai très peur, il est absent, il répond une fois sur deux à mes questions, l'air ailleurs, et puis il m'a appelée Louise, dans son sommeil.

Simone lui serra le bras en signe de réconfort et de soutien, et tenta de rassurer son amie.

– M'en voudrais-tu si j'en parlais à André pour qu'il enquête ?

Bianca refusa aussitôt catégoriquement

– Ne fais surtout pas ça. Je t'en supplie.

Fraenkel et Breton, bien devant, les attendaient, sans se douter de rien, devant le restaurant. Simone, tout en empathie avec son amie, priait pour ne pas être en face de Fraenkel, affreusement gênée d'avoir ainsi été invitée dans leur intimité. Sur le chemin du retour, au bras de Breton, elle était encore sonnée, Bianca lui avait fait tant de peine. Elle lâcha les rênes et les chevaux la devancèrent.

– Promettez-moi de ne rien dire mais Bianca pense que Fraenkel la trompe. Bianca m'a demandé de tenir ma langue mais je ne peux rien vous cacher.

Terriblement gêné, Breton se frotta le menton.

– Évidemment, je ne peux rien demander à Fraenkel, il se retournerait contre Bianca qui se retournerait à son tour contre vous. Quel sac de nœuds.

Simone s'en voulait déjà.

Tous les jeudis, à 14 heures, Colette poussait les meubles, la table, les fauteuils, et roulait le tapis pour faire place nette et donner son cours de gymnastique rythmique, chez elle. La femme de Soupault passait dans leur cercle pour être une grande danseuse et avait été poussée par son mari, son plus fervent admirateur, persuadé de son talent. Mais aimer danser est bien différent que d'enseigner. Si bien qu'il régnait une douce anarchie dans ce que Simone avait qualifié de « cirque nouveau ». Elle y venait toujours à reculons – elle reconnaissait dans cet état son fond dépressif peu prompt à se motiver – mais repartait toujours enthousiaste. Avec Gala, la femme d'Éluard, elles ne rataient pas un seul cours. Aujourd'hui elles étaient huit. Le pianiste entama un fox-trot bien énervé. D'empressement, il butait sur certains accords, et s'excusait souvent. Il avait une physionomie qu'elle détestait franchement. La première fois qu'elle l'avait vu, elle n'était pas parvenue à comprendre pourquoi son visage ne lui revenait pas. La deuxième, elle avait été horripilée par sa gestuelle, et elle s'était alors dit que, peut-être, elle l'enviait un peu car il jouait du piano mieux qu'elle. Mais cette fois-ci, elle en était sûre : sa tête lui rappelait celle de son vieil oncle Albert, un être supposément exquis et aimé de toute la famille, mais qui lui avait toujours semblé louche. Du genre à regarder ailleurs que dans les yeux. Du genre à vouloir se retrouver seul dans une pièce avec une jeune enfant. Elle en avait toujours eu peur sans que jamais le doute ne fût levé. Et la voilà désormais dans ce cours étrange, le sosie de son oncle au piano, dansant un peu gauchement. Elle mettait un pied devant l'autre, copiait un peu sur Gala et suait à grosses gouttes. À présent, Simone haletait et se faisait un peu de peine.

– Je suis un éléphant dans un magasin de porcelaine, avait-elle dit à Bianca, mais tu devrais venir, on en ressort toujours fraîches, rincées mais heureuses. Éléphant ou non.

Bianca avait ri, légère, comme si la confession d'hier fut déjà un lointain souvenir. Simone en déduisit que ses doutes devaient avoir disparu. Elle aurait aimé pouvoir se départir aussi aisément de ces ombres qui prenaient trop souvent possession d'elle, remettant tout, d'elle et des autres, sans cesse en cause.

En face d'elle, Breton, de l'autre côté de la table, comme sur une autre rive, la regardait boire son thé. Il ne parlait pas, et semblait lui cacher quelque chose. Les gens qui portent un secret l'affichent dans leurs yeux, agissent différemment. Simone avait pris avec elle son fume-cigarette en bakélite. Avec ses cheveux courts sous son chapeau cloche, elle était élégante, belle. Elle se savait trop apprêtée, mais certains jours, elle avait besoin d'en faire trop pour épouser la rue. Breton l'avait remarqué.

– Vous avez la tête d'une adorable petite fille qui aurait grandi trop vite.

Elle ne sut comment le prendre. Il lui avait téléphoné la veille pour lui annoncer une vraie bonne nouvelle qui allait arranger leurs petites affaires. Il n'avait pas voulu lui dire de quoi il s'agissait et lui avait promis de tout lui raconter au café du Grand Hôtel des écoles coloniale et d'architecture, rue Delambre.

– Qu'est-ce qui vous soulagerait en ce moment, Simone ? entonna-t-il comme un matelot sifflant sur la proue d'un bateau.

C'était trop beau pour qu'elle y crût, mais le regard de Breton le lui confirma : il avait trouvé un travail ! C'était Mme Tachard, directrice de la maison de couture Talbot à qui il faisait des lectures à voix haute, qui l'avait recommandé à Jacques Doucet. Ce grand couturier qui s'entourait des figures incontournables de la scène intellectuelle parisienne pour qu'elles aiguisent son acuité. Il attendait d'elles, et désormais de Breton, des recommandations qui enrichiraient, et sa bibliothèque, et sa collection d'œuvres d'art.

– Doucet est couturier, raconta-t-il, mais il collectionne aussi beaucoup et est devenu avec le temps un vrai mécène. Il le peut, il est multimillionnaire.

Breton devrait lui écrire une lettre hebdomadaire, rétribuée 20 000 francs.

– Je vais l'encanailler, je vais lui faire lire le roman pornographique de Rétif de la Bretonne *L'Anti-Justine* ou *Les Délices de l'amour* ! Je vais commencer fort ! plaisanta-t-il.

Simone eut envie de se jeter sur le premier téléphone pour prévenir sa mère. Avec cette position, Breton retrouverait aux yeux de ses parents un peu de crédit, l'interdiction de le recevoir avenue Niel serait sans doute levée sur-le-champ. Et avec elle, affluaient soudain des images inédites dans l'esprit de Simone, qui se mit à rêver à leur vie à deux, à une passion acceptée et célébrée aux yeux de tous. Doucet habillait les comédiennes, Sarah Bernhardt en tête, mais aussi la courtisane, la très jolie courtisane, Liane de Pougy. Sa maison de haute couture était située au 21 rue de la Paix, Breton lui promit de l'y emmener.

– Je n'en reviens toujours pas, je vais être payé à dire ce que j'aime lire et ce que je mettrais au mur chez moi si j'en avais les moyens.

Simone se leva, embrassa le front de Breton et s'envola.

Dans le salon, sa mère s'était endormie, *Le Figaro* sur les genoux, témoignage d'une lecture ennuyante. Simone ne tenait plus en place, voulait toute son attention, et commença à mettre la table, faisant entrechoquer la vaisselle, en espérant la tirer de son sommeil. Le raffut réveilla vite sa mère, qui ouvrit les yeux, et poussa un long soupir pour signifier son exaspération.

– J'ai à vous parler, je crois que j'ai une bonne nouvelle.

Puis s'asseyant sur le canapé rose pâle à côté d'elle, lui prit la main.

– Breton a trouvé de quoi subvenir à nos besoins. Je ne veux plus de nos disputes, elles me font trop mal, elles m'abîment.

Le silence de sa mère l'effraya d'abord mais très tôt il fut remplacé par un timide sourire.

– C'est une excellente nouvelle, oui, mais il faudra encore convaincre ton père qui est sous cet angle-là assez intraitable. Raconte-moi ce travail, dis-m'en plus.

Simone lui parla de Doucet, de l'horizon qui se dégageait, de la latitude qu'ils auraient désormais. Il continuerait *Littérature* et les lectures chez Mme Tachard, tout s'arrangeait enfin.

– Espérons que ton père soit bien luné.

Simone fut gonflée d'un nouvel élan. Elle s'autorisa même une plaisanterie sur leur discorde.

– Et vous qui vouliez me marier avec un homme qui ne sait pas lire !

Rougemont était loin, la température agréable, les oiseaux volubiles.

Au Sans Pareil, avenue Kléber, les tableaux et dessins de leur ami Ernst étaient arrivés et attendaient patiemment d'être accrochés au mur. Ils jonchaient le sol pour l'instant. René Hilsum, le propriétaire, leur avait fait l'amitié d'accueillir l'exposition de Max Ernst. Avec le temps, Simone avait appris à aimer Hilsum, ce petit être qui semblait avoir été écrasé par le ciel et qui, un peu fantasque, avait adopté un couple de pigeons, Alfonsin et Alfonsine, qu'il nourrissait de lentilles tous les matins. Cet esprit très ferré avait ouvert une librairie avenue Kléber et une maison d'édition rue du Cherche-Midi qui éditait *Littérature* depuis ses débuts. Hilsum était lié d'amitié à Breton depuis le collège. À Chaptal, ils avaient fait les pires bêtises. De pardonnables pitres. Peintures sur les murs des toilettes, école buissonnière, et cette fois où ils avaient enfermé le professeur Charley dans un placard. Breton et lui ne manquaient jamais de se le raconter à chacune de leurs retrouvailles, comme si ces souvenances étaient le seul sédiment de leur histoire, incapables qu'ils étaient manifestement de se recréer de nouveaux souvenirs. Hilsum avait une admiration sans borne pour Breton dont il avait publié *Mont de*

Piété juste après un poème de Rimbaud, c'était dire l'estime qu'il avait pour son condisciple.

Simone, qui aimait passionnément Ernst, s'était vu confier le rôle de commissaire d'exposition et avait choisi cinquante-quatre œuvres, des petits formats. Seul un avait été réalisé à quatre mains, avec Arp, *Fatagaga*. Breton avait écrit une préface à l'exposition qu'il avait intitulée « La mise sous whisky marin se fait en crème kaki et en cinq anatomies ». Simone avait insisté pour qu'on l'imprimât sur un fascicule qui serait disposé à l'entrée. On y lisait un Breton enjoué et définitif : *Parce que résolu à en finir avec un mysticisme-escroquerie à la nature morte, il projette sous nos yeux le film le plus captivant du monde et qu'il ne perd par la grâce de sourire tout en éclairant au plus profond, d'un jour sans égal, notre vie intérieure, nous n'hésitons pas à voir en Max Ernst l'homme de ces possibilités infinies.*

Simone avait sali sa veste avec les derniers coups de pinceau, et comme elle avait bien travaillé, avait envie de rire un peu. Elle porta – comme on porte un dernier coup de couteau dans le corps de sa victime – son pinceau sur la joue de Breton. Et comme il lui passait tout, il rit.

La nuit allait venir, et les lumières de la ville se joindraient bientôt à elle. Simone portait une jupe tubulaire qui empêchait un peu ses pas. Elle avançait lentement, au bras de Breton. Ils avaient décidé de se rendre tôt au vernissage pour passer en revue une dernière fois l'exposition. Ils n'avaient que peu de temps devant eux, et il n'était pas question de se lancer maintenant dans une grande métamorphose, mais Simone, têtue ou perfectionniste, décida d'intervertir deux tableaux. Breton lui prit le bras pour l'arrêter mais c'était peine perdue. Elle fonça, se salit à nouveau, faillit tomber de l'escabeau. Dehors, elle demanda à un passant de les immortaliser avec son Leica, et pria Hilsum de se joindre à elle, devant la librairie. Soupault monta sur l'escabeau tenant à bout de bras une bicyclette et Rigaut se pendit par les pieds. La joyeuse bande lançait des petits cris çà et là. Simone insista auprès du passant pour qu'il en prît plusieurs. Les clichés dans la boîte, on alla ouvrir le champagne. Simone apporta une coupe à Max qui, un peu timide, s'était rangé dans un coin. Modeste, il ne clamait rien, ne prônait rien, s'effaçait devant la force de son geste artistique. C'était d'autant plus fort. Il la remercia.

– Vous m'alcoolisez, Simone, vous savez que je ne suis pas à l'aise les soirs de vernissage !

Simone lui tapota l'épaule, sans répondre. Elle lui dit combien elle aimait son travail, se sentant un peu à court de mots pour décrire ces saillies colorées, ces jets intelligents, ces réponses à l'absurdité de la vie.

– Devant les autres, je mettrais peut-être *C'est le chapeau qui fait l'homme*, mais je les aime tous, et vous osez tout, l'humour vous permet tout, c'est une porte d'entrée fabuleuse pour décrire tout ce que vous voulez, et ce *Dada Degas*, j'en suis folle, c'est un collage incroyable, vous avez vu la chronophotographie de Muybridge, c'est la vitesse, le mouvement, c'est le cheval qui galope tout en restant devant vos yeux.

Il la pria de le suivre et s'arrêta devant son *Massacre des innocents*.

– Il est pour vous, chuchota-il à l'oreille de Simone.

Il était déjà 14 h 30. Simone avait rendez-vous dans le jardin de l'église Saint-Julien-le-Pauvre, au métro Cité, à 15 heures. Elle n'y serait jamais. Elle congédia Mme Volmont qui afficha un air dépité, au moins surpris. Le mois d'avril était plutôt frais et semblait s'accrocher à l'hiver, marquant sa réticence à considérer le printemps. Breton lui avait posé sur le bureau le tract signé par toute sa clique, Gabrielle Buffet, Aragon, Arp…

Les dadaïstes voulant remédier à l'incompétence de guides et de cicerones suspects, ont décidé d'entreprendre une série de visites à des endroits choisis, en particulier à ceux qui n'ont vraiment pas de raison d'exister. Prendre part à cette première visite c'est se rendre compte du progrès humain, des destructions possibles et de la nécessité de poursuivre notre action que vous tiendrez à encourager par tous les moyens.

Simone avait mis ses chaussures de marche, des Meindl achetées à Cologne avec Denise car elle savait qu'elle se rendait sur un terrain vague, derrière la Seine. Breton la vit arriver ainsi équipée, prête à gravir un mont, et éclata de rire en lui tapotant la joue.

– Il ne vous manque plus qu'un piolet ! plaisanta-t-il.

Simone eut soudain honte, remarquant les escarpins aux pieds de Gabrielle. Elle n'avait plus qu'à assumer. La visite commença, le public était au rendez-vous grâce aux tracts qu'ils avaient passé des heures à distribuer dans Paris. Simone était à l'origine, avec Breton, de ces promenades. Ensemble, ils les avaient baptisées des « interventions urbaines ». Gentiment activistes, ces marches étaient une réponse ironique aux visites guidées qui faisaient florès dans la capitale. On voyait en effet régulièrement des conférencières à l'air affecté narrer les magnificences de la ville. Eux, se rendaient à Saint-Julien-le-Pauvre, le petit frère miséreux de Notre Dame avec son gothique mal affirmé. Le mot *pauvre* leur plaisait pour ce qu'il convoquait d'ordinaire. Ils vénéraient l'ordinaire. Aragon surtout, qui ne voyait Paris qu'à travers ce prisme. Un critique littéraire avait eu tôt fait de renommer ces balades « esthétique de l'action ». Un brin pompeux. Et puis il fallait prendre l'air. Ils tournaient en rond, passant du Sans Pareil au Certa, du Certa au QG de *Littérature*. Il fallait ouvrir les fenêtres. Donner à leurs idées du champ et un peu de renouveau. Ils avaient trouvé là un terrain de jeu sur cette rive gauche qu'ils se piquaient de débaucher.

Comme à leur désormais habitude, ils lurent des pages et des pages du dictionnaire, pendant que Breton, bien agité, distribuait des enveloppes-cadeaux dans lesquelles se trouvaient quelques poèmes écrits pour l'occasion. Simone riait de le voir cavaler ainsi. Tzara, qui avait été réticent, s'était finalement rallié à leur cause et se lança dans une allocution, sans chercher ni trouver le moindre sens à ce qu'il proférait. Puis Breton et lui improvisèrent une petite danse à laquelle se joignit Simone. La troupe était heureuse. Ainsi qu'ils l'avaient toujours rêvé, l'art s'invitait dans la vie, l'un contaminant l'autre.

Voilà un mois que Simone gardait le lit. Elle n'aimait plus rien, ne voulait plus rien. Même manger lui demandait trop d'énergie. Son ciel s'était assombri et elle était redevenue cette enfant triste à la gorge serrée. Breton lui rendait visite tous les jours. Ses parents l'avaient accepté et lui préparaient même des petits plats. Alors, ils mangeaient en silence et Simone les regardait. Janine lui apportait des tisanes si bien que Simone avait l'impression de n'être plus que liquide. Elle coulait en elle. Breton la tenait au courant de ses activités. Les Dada et lui préparaient le procès de Maurice Barrès, un faux procès mais qu'ils voulaient organiser tout de même physiquement : ils l'accusaient « d'attentat contre la sûreté de l'esprit ». Restait à choisir le lieu et la date. En attendant, Breton et ses acolytes visitaient le Palais de Justice pour s'inspirer de son esprit. Malgré cette agitation, tout le monde réclamait Simone. Esseulée, elle avait la douloureuse peur d'être oubliée. Rigaut prenait de ses nouvelles, Bianca passait la voir, Fraenkel lui avait apporté de la lecture. Le docteur familial venait l'ausculter tous les trois jours, mais ne trouvait rien. Breton posait ses lèvres sur son front brûlant et lui tenait les mains. Il était doux et attentionné, il pleurait avec elle quand la souffrance était trop importante. Elle geignait un peu, tremblait beaucoup. Toutes ses angoisses étaient remontées à la surface comme un objet plus léger que l'eau. Et lui, confiant en ce que la vie leur réserverait, était toujours là, à ses côtés, malgré le vent et ses bourrasques, il tenait pour deux.

* * *

Ce vendredi, Breton arriva plus tard que d'habitude, ce qui plongea Simone dans une affreuse torpeur inquiète.

– Vous m'abandonnez, André.

Il sourit, sans répondre et lui déposa un baiser dans le creux de sa main. Il lui raconta sa soirée de la veille, arrosée et folle. Il avait été dans un bal du côté de Pigalle avec Gabrielle Buffet, Rigaut et Tzara jusqu'à 2 heures du matin. Il lui parlait d'un autre monde et de l'autre côté de la barrière, des gens s'amusaient sans elle. Pour la première fois, elle fut jalouse. Pas tant de Gabrielle, que du sentiment d'allégresse qu'elle ne connaissait plus. Elle était nostalgique d'elle-même. Elle se souvenait de cet être qu'elle avait été et était mélancolique de sa légèreté passée. Elle était de l'autre côté et savait qu'elle aurait à nager, difficilement, à contre-courant pour regagner la rive des vivants. Breton s'assit sur le bord de son lit et lui réchauffa les pieds. Un mois qu'elle n'avait pas vu la Seine. Le monde extérieur ne pénétrait pas sa chambre. Elle vivait rideaux fermés, comme si un deuil l'eut frappée. Une très mince rumeur remontait de la rue.

– Je suis en train de m'enterrer, André.

Le lendemain Breton arriva avec un gros carton entre les mains. Un gros carton qui se mit à bouger, à grogner ; c'était un chiot !

– Vous qui ne voulez plus mettre le nez dehors, Simone, je vous y contrains !

Elle se leva d'un bond du lit et se jeta sur l'animal.

– Nip ! Je l'appelle Nip !

Elle avait oublié son mal, avait oublié qu'elle avait un jour été triste. Le chiot cavalait, découvrait les pièces en reniflant tous les coins, courait le long du couloir, passant une tête dans chacune des pièces, frôlant les murs, car il était si petit, si miniature, qu'il découvrait encore le monde. Pour la première fois depuis longtemps, Simone eut envie de sortir. Alors, elle mit une veste et le nez dehors. Ils le tenaient alternativement dans les bras et en conclurent qu'il leur fallait une laisse. Breton n'aimait pas cette idée, mais il lui fallut bien enterrer ses grands principes. Simone avait oublié jusqu'au goût de l'air. Le bruit des tramways lui rappelait qu'elle était parisienne. Traversant la ville, elle retrouvait la civilisation, vrombissante qui ne s'était pas arrêtée de vivre. Nip l'accompagnait dans ses premiers pas, encore aveuglée. Ils se promenèrent longtemps, traversèrent pratiquement la capitale, en oublièrent de manger.

Réunis, ils semblaient menacer l'air qui voudrait les séparer, alors que leurs manteaux se frôlaient.

Trois jours plus tard, elle eut une folle envie de sortir de nuit. Ils avaient été invités par Paul Poiret qui organisait les soirées les plus déchaînées de la capitale. Simone se maquilla, son visage avait repris des couleurs, elle voulait en ajouter. Elle fit des crans à sa chevelure et sortit quelques tenues sur son lit, exaltée à l'idée de s'apprêter de nouveau. Son choix se porta sur une robe à sequins noirs, Patou, avec des franges qui laissaient deviner le galbe de ses jolies jambes. Elle voulait surprendre Breton, il l'avait trop vue en pyjama ces derniers temps. Déjà, elle avait la crainte qu'il ne la regardât plus.

Quand il arriva, l'effet fut immédiat. En bas, dans le hall, il l'attira contre lui et lui passa la main derrière le dos, puis redescendit et effleura ses fesses.

Le maquillage, cette fine pellicule qui avait toujours rapproché les hommes et les femmes, jouait ce soir comme tous les soirs de l'humanité sa belle partition. C'était la première fois qu'il osait ce geste. Alors, elle prit sa main et le guida. Elle écarta légèrement les jambes et le laissa s'aventurer. La lumière s'était éteinte comme si elle sut que quelque chose d'interdit avait lieu, qui devait se passer dans le noir, caché de tous. Chez Poiret, ils retrouvèrent Doucet qui lui avait tout appris, lors de ses débuts en 1898. Poiret lui avait même piqué quelques clientes, ce qui n'avait en rien altéré, étonnamment, leurs relations. On lui devait d'avoir interdit de séjour le corset dans la garde-robe des femmes, Simone s'était alors mise à respirer, même habillée, prenant conscience d'avoir été jusqu'ici, et sans s'en rendre compte – c'était sans doute le pire –, odieusement cadenassée. Poiret tenait, avec le peintre Raoul Dufy, un atelier d'impression de tissus, « la petite usine », que Simone avait eu le loisir de visiter un jour. Du couturier, elle portait Hahna l'Étrange Fleur, une eau de parfum dont le patchouli était la note de tête, qui avait fait dire à Breton qu'elle était une fleur sauvage mais qu'un jour il saurait la dompter.

Chez Poiret, que Breton ne connaissait que depuis une dizaine de jours, l'ambiance était charnelle. L'assemblée se tournait autour. Les regards étaient explicites et les mains glissaient autour des tailles. Simone était exaltée, électrisée par la fièvre qui semblait s'être emparée de ces êtres qui n'étaient plus que des corps. Elle se pencha vers Breton et, audacieuse, lui confia son excitation.

– Mais où m'emmenez-vous !

Il lui prit la main et la plaqua contre un mur, éloignés des regards, dans un baiser. Pour la première fois, il glissa sa langue dans la sienne. Elle ferma les yeux, se laissa embrasser et embrassa à son tour, savourant chaque mouvement, l'intimité dans l'ombre de ces cavités tout justes découvertes.

Elle ne savait pas que le soir, seule dans son lit, elle revivrait mille fois ce baiser sous ses paupières. Un baiser initiatique, qui soudain l'avait projetée dans un autre univers. Celui où les hommes et les femmes voient leur monde se métamorphoser sous l'effet de leurs langues.

Simone gara son vélo et aperçut au loin Rigaut, Bianca et Fraenkel. Ils attendirent Breton, trépignant tous les quatre car il leur tardait de se jeter dans la fête foraine. Il arriva en courant, essoufflé, à la peine, se baissa pour refaire son lacet et raconta entre deux courtes respirations ce qui l'avait mis en retard.

– Soupault a décidé d'enlever mon nom et celui d'Aragon de la couverture de *Littérature*. Les hostilités sont lancées et elles sortent de nulle part, je suis sidéré !

Breton le traitait de traître, n'avait pas les mots pour qualifier ce forfait, de la difficulté de travailler avec un ami. Simone tenta de le calmer mais il était terriblement vexé et vraisemblablement désemparé. La Foire aux Pains d'épice était noire de monde. Presque autant que lors de sa réouverture l'année passée à laquelle Simone s'était rendue pour une mémorable retraite aux flambeaux. Se tenaient là des centaines de forains. De vertigineuses balançoires, des baraques rustiques, des animaux en liberté, des stands de tir débordant de jouets inutiles mais qu'on voulait pourtant gagner. Les gens hurlaient quand ils avaient l'impression de toucher le ciel de leurs cris. Ils montèrent sur une balançoire Steam-swing, qui montait tout de même bien haut. Simone avait le vertige, Simone *eut* le vertige, mais se laissa gagner par la liesse de la foule. Puis le joyeux quatuor s'installa dans une « petite Suisse », une petite carriole qui descend sur des rails. Une certaine idée du bonheur nageait là. Ils renouaient ici avec leur instinct de survie. L'homme aime se faire peur, l'homme aime jouer au presque mort.

Devant l'*Apollo*, le lendemain, à la nuit tombée, Breton tira par la manche Simone qui fit non de la tête avant d'accepter finalement d'y entrer.

– Venez, ça va vous faire du bien de danser, mon petit, insista-t-il.

Dans ce dancing, rue de Clichy, on dansait tous les soirs le fox-trot et le tango. Il fallait arriver tôt pour voir se transformer sous vos yeux la salle de spectacle en piste de danse. On appelait ça le « basculo ». Et on trouvait un peu plus de quiétude, dans l'arrière-salle clandestine aux allures de speakeasy.

– Je vous apporte un verre, restez ici que je ne vous perde pas, cria Breton au-dessus du bruit de la foule.

Il faisait une chaleur étouffante. Quelques dos dénudés laissaient perler des gouttes de sueur. Breton revint avec un seul verre.

– Vous ne buvez pas, André ?

– J'ai bu d'une traite le mien, répondit-il en s'époumonant.

Elle trouva l'attitude grossière. Sans dire un seul mot, elle fit mine d'aller aux toilettes et alla chercher sa veste. Elle se faufila vers la sortie et, sans prévenir Breton, s'en alla. Devant le club, elle prit le temps de fumer une cigarette, avant de partir à la recherche d'un taxi. Elle marchait d'un bon pas quand Breton la rattrapa.

– Vous avez filé, je ne vous ai plus vue. Que se passe-t-il, Simone ? s'inquiéta-t-il.

– Puisque vous buvez seul, passez la soirée seul, se défendit-elle avant de monter dans le taxi.

Mais Breton ne lui laissa pas le choix et s'engouffra avec elle. Dans l'habitacle, elle se tut, bien décidée à lui faire subir son silence. Il se tourna vers elle, cherchant son regard, et parla un peu fort.

– Vous êtes chiée quand même, me laisser en plan comme ça !

– N'en parlons plus, emmenez-moi chez vous, sourit Simone en caressant sa joue.

Le taxi les déposa en bas de chez Soupault. Ils avaient l'appartement pour eux. Breton monta en premier pour mettre de l'ordre dans ce terrier rempli de pages couvertes de mots et de ratures, l'invitant à le rejoindre cinq minutes plus tard. Il faisait froid, suffisamment pour que Simone eût envie d'un thé. Il fit bouillir de l'eau, chercha dans le fatras une tasse, avant d'en trouver une, ébréchée et sans anse, qu'il apporta du bout des doigts à Simone. Brûlante, la porcelaine ébouillanta Simone, qui la fit tomber, sous la surprise. Elle était trempée, mais laissa échapper un éclat de rire. Breton, désolé quoiqu'amusé, tenta de l'essuyer avec un torchon, ce qui fut pire.

– Je vais vous prêter un pantalon et une chemise, ma garçonne.

Elle le suivit dans la chambre. Comme s'ils avaient traversé une frontière interdite. L'intimité de la chambre à coucher d'André créa immédiatement un trouble palpable chez eux. Alors qu'elle commençait à se déshabiller, Breton détourna son regard. Il parla tout bas.

– Je vous laisse, je suis à côté.

Simone eut soudain besoin de ses mains sur son corps, de son corps sur son corps. Mue par un désir irrépressible, elle continua de se dévêtir, et nue, elle l'appela.

– André, je suis folle, venez si vous êtes fou.

Il s'avança, il était rouge. Il prit sa tête à pleines mains. Comme chez Poiret, elle sentit sa langue sur la sienne. Il lui montra le lit de la main et s'allongea sur elle. Il lui caressait l'intérieur des cuisses, plaça sa main, à plat, sur son pubis. Ils se serrèrent fort, puis elle se releva et se rhabilla, lentement. Elle avait la tête qui tournait. Ils revenaient tous deux d'un long voyage et retrouvaient le salon, orphelin de leur présence. Combien de temps s'était-il écoulé ? L'amour possède une emprise stupéfiante sur le temps, qui semble, parfois, le faire reculer.

Au Certa, Simone n'avait jamais assisté à telle cohue. Les voix s'élevaient, le ton s'envenimait. Aragon et Breton bûchaient sur le procès Barrès. Cet anarchiste devenu nationaliste, raison pour laquelle, précisément, les Dada s'en prenaient aujourd'hui à lui. Antidreyfusard, antisémite, il signait de contestables tribunes dans *La Libre Parole*, fondé par cet horrible Drumont. La réunion du jour portait sur la rédaction du tract. L'assemblée ne semblait pas prête à s'apaiser et Breton, fidèle à ses convictions et son empressement légendaire, décida de l'écrire seul, peu enclin à attendre que ses camarades daignent se calmer. Il revint, la feuille noircie à la main.

> *Dada estimant qu'il est temps pour lui de mettre au service de son esprit négateur un pouvoir exécutif et décidé avant tout à l'exercer contre ceux qui risquent d'empêcher sa dictature, prend aujourd'hui des mesures pour abattre leur résistance. Considérant qu'un homme donné, étant à une époque donnée en mesure de résoudre certains problèmes est coupable si*
> *Soit par désir de tranquillité*
> *Soit par besoin d'action extérieure*

Soit par self-cleptomanie
Soit par raison morale
Il renonce à ce qu'il peut y avoir d'unique en lui, s'il donne raison à ceux qui prétendent que sans l'expérience de la vie et la conscience des responsabilités, il ne peut y avoir de proposition humaine, qu'il n'y a pas sans elles de véritable possession de soi-même, et s'il trouble dans ce qu'elle peut avoir de puissance révolutionnaire l'activité de ceux qui seraient censés puiser à son premier enseignement, accuse Maurice Barrès de crime contre la sûreté de l'esprit.

Comme un seul homme, tous se rangèrent derrière lui et se mirent rapidement d'accord sur la marche à suivre : ils se retrouveraient dans une semaine à la Salle des Sociétés savantes. Le public y était convié. Ce serait un spectacle mais dont le fond serait hautement sérieux.

– On va purifier la culture ! cria Ribemont-Dessaignes. On a bien besoin de procéder à une désinfection au vitriol ! s'exclama-t-il, applaudi.

Simone avait hâte d'assister à ce qu'elle imaginait être une intelligente farce.

20 h 30, Salle des Sociétés savantes. Au milieu de la pièce, un mannequin de couturière tenait le rôle de Barrès. Breton et ses faux juges étaient vêtus de blouses blanches de chimiste. Il ouvrit la séance, Aragon et Soupault étaient là pour défendre l'accusé. L'assistance impatiente commençait à se faire entendre. Ribemont-Dessaignes mit fin au brouhaha et se lança.

– Maurice Barrès, grand cultivateur, appariteur des pompes funèbres, je vous accuse d'avoir, avec un lyrisme obscur, une confusion exaltée, fait passer votre insuffisance pour de la grandeur en puissance ; d'avoir détruit l'énergie de vos petits amis par un verbalisme trompeur, et de, maintenant, leur casser la gueule avec votre bicycle. Vous avez dit, Barrès, un jour de votre confusion habituelle où vous étiez sur le versant contemplatif : « Qui se frotte, se crotte. » Eh bien, vous êtes crotté. Il faut maintenant payer le nettoyage.

Soupault prit, pour se plier à un exercice de style, la défense de Barrès, aussitôt suivi par Aragon, également avocat du diable. Le jury, condamna Barrès à vingt ans de travaux forcés. Simone, amusée mais aussi fascinée par tant de fantaisie, sortit de la salle, exaltée, encore plus en admiration devant Breton qu'avant d'y être entrée. Il lui ouvrait un monde et les fenêtres de son esprit. Elle s'appuyait sur lui, sans effort, assurée d'avoir trouvé un logis pour sa pensée. Reconnaissante d'être ainsi accueillie. Mais une ombre, dans un même temps, se porta sur cet instant d'allégresse : que lui apportait-elle ? Elle se sentit parasite soudain, passive, ignorante, inconsistante. Il avait beau lui dire qu'elle était lumineuse et qu'il n'avait été jusqu'ici que dans le noir, elle souffrait insidieusement de n'être que « la femme de », la muse, celle qui vivrait par procuration. Il n'avait jamais insinué pareil jugement, cette impression n'était qu'une construction de son esprit fragile et sceptique, mais cette terrible vision persistait. Dans le taxi, gagnée par le doute, accablée par ce qu'elle venait de réaliser, elle lui serra la main, fort et longtemps.

Avenue Niel, elle attendait Mme Volmont. Elle avait travaillé dur pour déchiffrer *Gymnopédie I*, une partition faussement simple de Satie. Désormais elle jouait pour un fantôme, pour Breton qu'elle imaginait dans son dos. Son professeur arriva avec du retard, le thé était froid. Sur le clavier, ses doigts graciles, semblaient flotter. Sa mère, fière, s'était installée dans le salon pas tant pour écouter sa fille, que pour s'enorgueillir du talent de sa progéniture. Noire, blanche, croche, noire, blanche, ronde. Silence. Simone appuyait sur la sourdine, faisait onduler son torse, respirait avec la musique. Elle était heureuse, enjouée, portée par ce moment suspendu où elle se donnait à elle-même. Elle aurait voulu que son fantôme soit là, mais il était chez Doucet. Comment se fut-il que deux êtres puissent se manquer si fort alors même qu'ils se savent tous deux dans la même ville ? Le manque est régi par le délire de voir l'être s'évanouir, disparaître dans un trou. Parfois, elle aurait préféré être cet oiseau que rien n'arrête, ni arbre, ni immeuble. Rien contre l'élan. Tout dans la vitesse d'exécution. Quelques tire-d'aile, et les retrouvailles. Mais il fallait parfois faire semblant de vivre l'un sans l'autre. Pourtant, c'était à lui qu'elle destinait chacun de ses actes, chacune de ses paroles. Depuis Sarreguemines et leurs mains liées, elle avait peur, une peur terrible et irrationnelle, terrible parce qu'irrationnelle, de le perdre. Cela lui arrivait de se figurer la scène où l'on venait lui annoncer sa mort. Elle se pendrait. Elle apprendrait à manier un pistolet et viserait la tempe. Ou elle se jetterait d'un pont et sur les rivages de la Seine un matin, on retrouverait son corps, gris et blême, froid et soudain lourd. Il sonna, il était vivant. Et comme si elle l'eut perdu, elle se jeta dans ses bras. Ignorant tout de l'imagination débordante et étrangement morbide de Simone, il versa aussitôt la porte ouverte, dans le plus pur prosaïsme.

– Doucet veut absolument acheter le Douanier Rousseau, *La Charmeuse de serpents*, que je lui avais conseillé, mais Rosenberg l'a déjà vendu à Delaunay. C'est bien ma veine.

Pour le tirer de ce pas-là, elle se remit à jouer. Satie les enveloppa tous les deux. Simone avait retrouvé son fantôme et son fantôme pleurait, discrètement, de la voir si bien jouer.

Simone était affreusement en retard, la séance devait avoir commencé. Elle détestait faire attendre et disposer du temps de l'autre. Elle courait, retenant son chapeau d'une main, la gorge en feu et la bouche sèche. Elle ne vit personne devant l'*Aubert-Palace*, Rigaut et Breton devaient être déjà installés. Ils allaient voir le dernier Jean Kemm avec, dans le rôle principal, Geneviève Félix. Elle était très suivie depuis qu'elle avait été élue « muse de la Commune libre de Montmartre ». *Micheline* fut bien décevant. Mise en scène baroque, construction de guingois, piètre direction d'acteurs. Mais elle aimait le cinéma comme on aime ses amis, elle lui pardonnait tout.

– C'est fou comme vous ressemblez à Geneviève, Simone !

Breton lui faisait là un compliment. Même ligne de sourcils, même regard, pénétrant. C'était l'histoire du refus d'un mariage.

– Et si, à moi aussi, on refusait le mariage ?

Breton, l'air triste et absorbé, avait parlé dans sa barbe mais c'était à Simone qu'il s'adressait. Ils n'étaient pas libres et le savaient. Ils n'étaient pas ces animaux fougueux seuls dans la savane. Ils devaient composer avec la convention, vivre sous le régime de l'autorité parentale, se sentir à la merci des vents de la tradition. Elle lui tapota la joue pour le tranquilliser.

– Vous vous empressez toujours, André, vous ne laissez pas le temps remplir l'espace.

Rigaut, à cette phrase, ajouta :

– Vous deux, mariés ? Je ne veux pas que ce mariage vous éloigne de moi, on a tôt fait de s'enfermer...

Tandis que ces trois-là s'éloignaient, le vent sembla se lever sur leur passage.

Troisième partie

Le coup de fil avait été bref, aiguisé comme un couteau. La voix dans le combiné avait jeté des mots dans le vide à la façon dont on dépèce une charogne. La température de son corps baissa d'un coup. La mère de Voldemar, abasourdie et effrayée, lui annonçait que son fils se trouvait dans le coma.

– Je l'ai retrouvé la boîte de médicaments vide dans la main, une lettre dans l'autre.

Elle lui lut.

– *Simone, vous êtes partie dans l'autre monde, celui de l'amour, et m'avez mis au ban. Vous êtes morte pour moi, je veux vous rejoindre.*

Simone sentit une larme couler sur sa joue froide qui l'informa qu'elle pleurait. Une seule larme, un seul œil humide. L'autre était resté sec, à l'abri, parce qu'elle se savait déjà ailleurs. Elle était choquée, sonnée, comme si on l'eut assommée d'une branche sèche. Elle s'aperçut qu'elle était restée muette, que son interlocutrice attendait une réaction.

– Où est-il ? Je veux le voir.

Sur son lit d'hôpital, il semblait raidi par la mort. Sa tête était légèrement inclinée vers l'arrière comme s'il attendait une sentence, tout entier dans l'attente de savoir ce que la vie lui réserverait. Il ne savait pas qu'il était observé par les quelques visiteurs qui venaient le voir. Cette ignorance de tout ce qui se passait autour de lui le rendait ignoblement vulnérable. Tout remonta à la surface, leurs mots, leurs rires surtout, la façon dont ils se comprenaient, leur langue commune que venaient confirmer leurs baisers, sincères et passionnés. Elle était retombée en adolescence avec lui et avait vécu les débuts de cette histoire comme un immense éclat de rire. Elle resta un moment sans bouger et demanda à rester seule. Elle lui prit la main et la porta à sa joue. Elle fut saisie par un haut-le-cœur, la gorge serrée comme un boulon. Voldemar n'avait pas changé, ses traits immuables étaient ceux d'un jeune garçon reposé, doux. Elle eut soudain honte de l'avoir mené jusqu'ici. Sa culpabilité était monstrueuse, épaisse et remplissait la salle. Elle s'en voulait de ne pas avoir attendu qu'il revienne pour lui parler, elle s'en voulait d'avoir traité cette rupture à la légère. Elle s'en voulait d'être amoureuse d'un autre. Un médecin entra, il vérifia d'un œil distrait l'encéphalogramme, sans montrer la moindre inquiétude. Un apaisement, enfin. Il respirait. Il vivait. Elle prit la mesure du verbe être.

* * *

Sur le lit, paumes de main vers le ciel, elle ne pouvait faire un geste. Rarement elle avait à ce point éprouvé le poids de son corps. Certaines nouvelles terrassent et changent le cours de nos représentations. Elles intiment un nouvel ordre. On sait, dorénavant, que rien ne sera plus comme avant et l'on se sent bien naïf d'avoir vécu innocemment. Elle était prisonnière de son état, peureuse. Elle refusait de voir Breton qui commençait à se sentir abandonné, mais elle ne pouvait, ne voulait pas, ajouter du drame au drame. Deux jours qu'elle n'avait pas mis un pied dehors. Sa mère, à qui elle avait tout raconté, lui apportait des repas, comme si elle eut été malade. Elle partageait la terreur de sa fille car elle avait toujours eu beaucoup d'affection pour cet être patient, mesuré, un peu farouche, très délicat qu'était Voldemar. Simone était alitée, comme pour occuper virtuellement la couche de Voldemar. Incapable de rien, d'exister même, alors qu'il menaçait de s'éteindre, lui. Elle le revoyait, les yeux fermés, condamné à cet interstice entre la vie et la mort, entre les couleurs et le noir, entre deux eaux, sombres et incertaines. Elle-même flottait, elle s'interdisait de mener des journées normalement. Même respirer lui semblait égoïste. Elle avait annulé tous ses rendez-vous prétextant une affreuse grippe. À Breton elle avait tout dit, Voldemar avait voulu se suicider par sa faute et elle avait ajouté qu'elle pensait ne jamais pouvoir se le pardonner. Breton patientait, douloureusement. Elle savait qu'elle le blessait en agissant ainsi, mais elle devait hiérarchiser ses émotions. Une peine après l'autre. Il lui fallait un courage titanesque pour éprouver à la fois de l'empathie pour Breton et prodiguer, en pensée, de la force à Voldemar. Elle était déchirée, et se rappelait qu'elle avait déjà ressenti, dans une moindre mesure, cette incapacité à choisir entre l'un ou l'autre. Elle avait l'impression d'être sise entre deux êtres, et que sa vie se résumait à ce dilemme. Elle était face aux deux affects qu'Aristote associe à la tragédie : la terreur et la pitié. Voici les veines et le cœur battant de la tragédie. Ses draps sentaient la petite fille sale. Elle se négligeait en attendant que son ancien amant se réveille. Le pire peut-être était de ne pas savoir. Elle se sentait veuve sans l'être. Sans être mariée mais étrangement liée à son ancien amour.

Elle marchait dans les allées de la Salpêtrière comme un condamné cherchant dans le paysage un salut. L'ordinaire avait l'allure de l'extraordinaire. Simone voyait les hommes pour la première fois. Un nouveau monde occupait son champ de vision occulté par le tragique du moment. Son esprit était noir charbon. Ses yeux, gris perdu. Les choses n'avaient plus la même aura, les objets eux-mêmes semblaient moribonds. Son regard imprimait la tristesse alentour et ce pot de fleurs, éclatant de couleurs, lui semblait fané. Le vin n'avait plus de saveur et était devenu cette eau insipide. Le soleil pleurait des rayons ravagés, l'air était asphyxiant et sa poitrine, comprimée. Partout des rires avortés, des illusions enterrées, des mort-nés, des pleurs, des champs de ruines sous la pluie. Elle avait bien cent ans aujourd'hui et découvrait la face désolée de la terre qui tournait depuis trois jours au ralenti. Tout était nouveau, les sons, les mouvements, les miroirs où elle se regardait qui lui montraient un visage qu'elle ne se connaissait pas. Elle n'était plus pour elle-même Simone, elle était cette traître qui avait planté un coup de poignard dans le dos d'un innocent, elle était cette enfant irresponsable, elle était cette catin qui avait trompé un homme pour un autre et qui, à force de penser que la vie était un jeu, allait tout perdre. Voldemar allait partir, Breton se sentant oublié, partirait lui aussi.

Elle entra à pas de loup, la mine déplorable, dans la chambre du suicidé en sursis. Il déglutissait par moments et ses paupières vibraient un peu. Ses joues étaient plus émaciées que la semaine précédente. À ne rien faire, il avait perdu du poids et s'était rabougri. L'absence de gestes l'avait rendu invisible, l'absence de mots, inabordable. À quoi pensait-il ? Rêvait-il encore ? Quelle était l'activité d'un cerveau d'un homme plongé dans le coma ? Elle attendait le passage d'une infirmière ou d'un médecin pour leur poser toutes ces questions. Quand ils vinrent, ils étaient trois, et pour la première fois, elle se surprit à chuchoter comme pour ne pas le réveiller. L'infirmière faisait preuve d'une immense gentillesse, elle la prenait sans doute pour l'épouse. Le médecin, droit et rationnel, s'exprima posément.

– Oui, il entend, il est sans cesse entre rêve et réalité. Certains patients revenus du coma nous racontent qu'ils se sentaient là sans être là. Ils ont souvent des images de tunnel, des lumières blanches au bout de ce tunnel, c'est très fréquent. Ils peuvent même avoir des visions de grande Faucheuse, des dames en noir qui les attendent au détour d'un chemin.

– C'est assez poétique finalement, se surprit à dire Simone.

Elle était terrorisée, enfermée dans le placard de son enfance, criant, tempêtant, suppliant que l'on chasse la sorcière de la pièce. Elle grelottait. L'infirmière lui conseilla de rentrer chez elle mais elle voulut rester et demanda, toujours en chuchotant, du café. Elle attendit la nuit. Le silence, devenu matière, pesait une tonne dans cette chambre blanche.

* * *

– Si tu savais comme je suis dans un état lamentable, tu aurais peur. Change-moi les idées. Fraenkel et toi, comment vont les affaires ?

– Figure-toi qu'il ne connaît pas de Louise et qu'il était distant pour cause de « masse de travail copieuse » m'a-t-il dit, je n'ai plus aucun doute, aucune suspicion, je me suis fait un film de rien, sans doute pour m'occuper, j'ai un peu honte de t'avoir alarmée avec cette sottise.

L'entendre au téléphone la projeta dans une dimension rassurante, elle retrouvait le fil de la vie, le quotidien reprenait doucement le dessus, le choc commençait à devenir un souvenir. La normalité recouvrait progressivement de son drap implacable les objets et les choses.

Petit gosse de jouet, vous me manquez, venez vous divertir dans mon trou quai de Bourbon, il est plus gai qu'un trou, lui avait écrit Breton. Mais elle ne se l'autorisait pas, par loyauté pour Voldemar, elle s'y refusait. Il en était malade. La peur de la perdre le rendait pressant. Il lui écrivait deux fois par jour et lui téléphonait autant.

– André a encore appelé, claironnait à l'autre bout du couloir sa mère.

Sa présence autrefois si rassurante se faisait accaparante. Il réclamait l'attention qu'il n'avait plus. En deux semaines, leur relation s'était distendue comme deux aimants soudain trop de loin l'un de l'autre. Elle n'avait pas de place pour lui, et le vide blanc qui s'installait entre eux commençait à s'assombrir.

À l'hôpital, elle avait ses habitudes. Elle connaissait maintenant certains patients et leurs proches qui, comme elle, leur rendaient visite presque chaque jour. Madame Sauvage – difficile d'oublier ce nom – lui avait même apporté des madeleines. Son fils était atteint d'une leucémie, il n'avait pas huit ans. Les malheurs s'amoncelaient ici. Les uns et les autres échangeaient des sourires. La peine les unissait et en faisait des frères et sœurs de sang. Quand elle voulut entrer dans la chambre, on le lui refusa, plusieurs personnes étaient attroupées devant le lit, elle ne distinguait pas tout, mais elle reconnut les parents de Voldemar, assis de dos. Elle qui n'avait jamais prié joignit ses mains, s'accroupit et, posant ses coudes sur la chaise devant elle, murmura « faites qu'il vive, faites qu'il se réveille ». Elle ne savait quel culte elle implorait, mais par désespoir, elle se serait convertie à n'importe lequel si on lui avait promis de lui rendre Voldemar. On lui avait volé, emporté, on l'avait emmené dans un endroit fermé à double tour et elle ignorait si elle le retrouverait un jour.

Il avait ouvert les yeux, à 13 h 18, il avait rouvert les yeux. Pour quelques secondes, il avait été à nouveau ce nourrisson qui regarde le monde pour la première fois, découvre les odeurs et le contact des corps autour de lui. La porte s'était ouverte et elle le vit assis, il n'avait plus les mêmes traits, il avait vieilli. Elle le reconnut à peine comme si, sans sourire, il était une autre personne. La gaîté l'avait quitté, son corps s'était comme vidé de toute sève heureuse. La bile noire sécrétée par la rate avait rempli ses membres et son cœur.

Elle s'avança, prudemment, se trouva une place parmi les visiteurs, et, interdite, resta là dans l'attente qu'il lui fît un signe. Il tapota sur le lit d'un geste lent pour l'inviter à s'asseoir. Face à ce moment d'intimité, l'assemblée s'effaça pour les laisser seuls. À présent, ils se regardaient et, ni l'un ni l'autre n'osa parler le premier.

Un plateau repas arriva. C'était la première fois qu'il remangeait. Il resterait encore cette nuit puis rentrerait chez ses parents. On lui avait retiré ses perfusions, il retrouvait peu à peu les gestes du quotidien, se mouvoir seul, s'alimenter. Il agissait lentement, au ralenti, trouvait le chemin vers sa bouche, les gestes peu sûrs. Il tâtonnait vers l'ordinaire, hésitait à s'en remettre au cours normal des choses. Elle l'aida.

– Vous m'avez fait une peur bleue, Voldemar.

Elle se sentait à présent prise en otage par la détresse qu'il éprouvait. Ses sentiments étaient biaisés, forcément. On aime les revenants, on ne peut que les aimer. Elle s'imaginait déjà devoir rendre des comptes à sa victime.

– Vous l'aimez, au moins, cet André ?

Devant l'état de faiblesse de son interlocuteur, elle s'interdit la sincérité. Tout lui dire aurait été enfoncer la tête sous l'eau d'un homme qui avait déjà commencé à se noyer.

– Je suis tombée amoureuse de cet homme, et on ne choisit jamais de tomber.

Il se tut. Plongea le nez dans ses carottes et son riz froid, elle eut envie de pleurer. Il l'avait abattue avec une arme invisible. Qui souffrait le plus dans tout cela ? La tristesse de l'un alimentait la tristesse de l'autre et dans cette impasse ils n'arrivaient pas à se tenir la main.

– J'ai repensé à l'enfant que nous n'avons pas eu ensemble, Simone, et j'ai sombré. On ne lui avait même pas donné de prénom.

Le silence gelait l'espace, les minutes étaient longues, le temps n'avait plus d'emprise sur eux, ils étaient figés dans l'absence de dénouement et se cognaient aux murs comme des oiseaux à une vitre rendue translucide par le soleil.

Quai de Bourbon, Breton triait ses livres, il rangeait pour mieux s'occuper, pour chasser la confusion. Il fallait régir l'espace, reprendre le contrôle. Simone avait mis de la distance, avait décidé, par la force des choses, de s'occuper d'un autre que lui. Il se sentait délaissé comme un vieux jouet qui aurait trop servi. Elle était redevenue cette étrangère qui vivait sans lui, loin de lui. Il l'avait invitée à plusieurs reprises et à plusieurs reprises elle avait décliné. Le petit appartement s'était peu à peu transformé en chantier reflétant l'abandon dont souffrait son occupant. Il mangeait moins, buvait trop. Les séances dada l'occupaient mais de loin en loin, il y allait peu ou pas, tournait en rond. Il n'arrivait plus à écrire et avait eu un mal fou à boucler le dernier numéro de *Littérature*. Rigaut l'avait sorti, comme on sort un enfant triste. Fraenkel lui avait apporté de la lecture, qu'il avait refusée. Personne ne comprenait son état puisqu'il ne se confiait à personne. Pour les uns, il avait trop de travail, pour les autres, un gros rhume. Il semblait avoir abandonné la partie, portait les mêmes vêtements, sentait le renfermé et les vieux livres. Sa mine était grisâtre, ses cheveux ternes. Il ne se peignait plus, avait chaussé de vieilles lunettes, ayant égaré les nouvelles.

Il avait du mal à trouver ses mots, il intervertissait les syllabes, si bien que « partir » devenait sous le coup de la fatigue « pâtir ». Simone lui avait promis de passer, elle fit faux bond, le laissant impuissant. Il se faisait l'impression d'être un commerçant dépassé par trop de marchandises, au fond de son échoppe, au fin fond de son isolement. Il composa le numéro de l'avenue Niel, on l'informa de l'absence de Simone. Cette annonce enterra les quelques espoirs qu'il nourrissait encore. Un mois plus tôt, ils s'embrassaient dans les couloirs d'un appartement parisien. Un mois plus tôt, ils mêlaient leur salive.

Au *Café du Parnasse*, Voldemar portait beau. Il avait repris de sa superbe. Il avait retroussé le col de sa chemise blanche, conquérant et l'air vif. Simone, en face de lui, le contemplait en silence. Alors qu'elle connaissait par cœur la forme de sa bouche, lippue, elle la redécouvrait. Elle dessinait de ses yeux son visage. Il avait repris du poids et remplissait fièrement son costume. Un costume, gris, neuf, vivant. Elle se souvint de leur rencontre, il s'était rapproché d'elle sur un banc de la Sorbonne, s'en prenant à un vilain courant d'air. Ils ne s'étaient plus quittés de la journée, ils avaient multiplié les cafés et les grenadines, prétextant tantôt avoir soif, tantôt avoir chaud, et ils avaient fini, rompus, main dans la main, sur une banquette du *Café de Versailles*. Les jours qui avaient suivi, ils n'étaient pas allés en cours, avaient visité la ville, s'étaient arrêtés devant les vitrines, avaient essayé des chapeaux, sautillé et piaillé. Et ce soir-là, leurs corps plongés dans la pénombre s'étaient trouvés. Un mois et demi plus tard, elle comprit qu'elle était enceinte.

Ce qui aurait pu les souder les avait éloignés, incapables d'affronter la difficulté de la situation à deux. Elle avait pleuré, beaucoup. Il l'avait épaulée comme il avait pu. Il avait pleuré, beaucoup. Mais leurs larmes ne se mêlaient pas. Chacun portait une tristesse singulière. Elle de devoir cacher cet épisode à ses parents, lui de ne pas pouvoir devenir père. Et puis il était parti aux Amériques et avait tenté d'oublier ce qu'ils avaient vécu comme un drame. D'autant plus dramatique qu'il était tenu secret. Le secret est aveugle, il n'ouvre sur rien, il se referme sur lui-même, il est cette trappe derrière laquelle menace le vide. Il prive ses auteurs de langage, il les plonge dans l'incommunicabilité et les tient à l'écart de la société. De génération en génération, il est là, en arrière-plan, et il survit.

Elle se tenait sur le canapé, quai de Bourbon. Ils ne s'étaient pas embrassés. Elle avait refusé de mettre sa main dans celle d'André. Ses maxillaires étaient tendus. Sa nuque raide. Les muscles de son trapèze dur comme du marbre. Tourner la tête lui demandait un effort. Elle se cramponnait à sa tasse, comme au bastingage d'un bateau malmené.

– Je navigue à vue, je n'ai plus aucune certitude, André.

– Comment va Voldemar ?

– Il est en bonne voie, il se rétablit.

Breton prenait des nouvelles par politesse et par devoir. Elle posa sa tasse sur la table basse qui les séparait. Ils se regardèrent et leur air perdu se rejoignit au milieu de la pièce, cette pièce où la tendresse qu'ils avaient eue l'un pour l'autre semblait avoir déserté. C'était si loin déjà. Simone avait en tête leur étreinte sur ce lit-là. Simone les revoyait jouer devant elle, comme si ce fut deux comédiens sur une scène, désormais extérieurs à elle. Elle prépara ses affaires, son sac sous le bras, il la retint.

– Vous partez déjà ?

– J'ai promis à Voldemar d'aller le voir.

Il n'eut pas la force de la retenir. Il la regarda partir, battu d'avance.

Bianca arriva, en retard. Son manteau rouge pétaradant rappela à Simone que la gaîté existait, que le bonheur avait une place dans ce monde, elle l'avait oublié. Ses gestes étaient machinaux, elle fit bouillir de l'eau, remplit la boule à thé, sortit deux tasses, oublia les cuillers, fit tomber le sucre.

– Simone, j'ai failli venir accompagnée d'une bonne connaissance, Odette, mais je t'ai sentie préoccupée.

– Non, non ça va bien, j'ai décidé de moins voir Breton, je me consacre à Voldemar qui est rentré.

– J'ai dû manquer une étape.

– Aucune, je profite de lui.

Bianca, pas la dernière des sottes, lui prit le bras, et osa, brusquement :

– Simone, il y a un mois, je te vois collée-serrée avec André, aujourd'hui tu ne le vois plus et Voldemar que tu avais congédié revient sur le devant de la scène.

Simone fut surprise que Bianca s'étonnât de la situation. Elle n'avait eu ni le temps ni l'envie de se poser tant de questions, et partageait la confusion de son amie, puisqu'elle avait été trop préoccupée par Voldemar pour se rendre à l'évidence : elle avait besoin d'aide. Elle réalisait peu à peu qu'elle nageait en plein déni. Elle était soudain mise au pied du mur et, enfin face à elle-même. Fidèle amie, Bianca avait su lui tendre le miroir qu'elle évitait soigneusement depuis plusieurs semaines. Pour la première fois depuis qu'elles étaient en présence l'une de l'autre, les yeux des deux amies se croisèrent pour ne plus dévier de leur trajectoire. Simone cessa de boire, s'arrêta de fuir et, enfin, se confia. Elle avoua comme une petite fille qui rentre de l'école avec de trop lourds secrets plein son cartable.

Les yeux débordant de larmes, Simone eut soudain envie de se réfugier sous sa couette, elle ne voulait plus voir personne. Ni Voldemar, ni Breton, ni même Bianca, encore moins ses parents. Elle fermait boutique. Rideau. Bianca, un peu vexée sans pourtant l'avouer, ferma la porte derrière elle. Son amie avait juré de ne rien dire à Fraenkel mais le secret circulait et comme une chaîne active de transmission d'un virus, Simone avait peur de l'épidémie.

Breton préparait le Congrès dada. Il tentait de survivre à la bourrasque qui le secouait en évitant de réfléchir et en se plongeant dans le travail. La veille du vernissage, il téléphona à Simone, l'air de rien, et l'invita. Ils iraient ensemble. L'implicite régissait désormais leur relation. Simone voyait Voldemar tous les jours. Elle acceptait à nouveau de voir André mais lui refusait ses baisers. Elle estimait n'avoir à rendre de comptes à personne. Il arriva, et elle lut dans les traits de son visage qu'il était dévasté.

– Je ne veux pas en parler maintenant mais je sais tout. Bianca a tout raconté à Fraenkel.

Elle se tut, s'engagea dans la Galerie Montaigne. Elle fit diversion et parla de l'architecture du lieu. Elle aimait la radicalité de ce grand monument de béton.

– Je ne comprends pas pourquoi on le dénigre cet Auguste Perret, c'est doux et tendre le béton armé...

Breton, sans lui répondre, serrait des mains, embrassait certains, soulevait son chapeau et saluait comme s'il eut été en campagne électorale. L'extérieur le rassurait. Il n'était pas prêt à affronter leur intimité. Elle marchait à ses côtés. Il lui montra deux tableaux d'un geste détaché.

– Les seuls que Soupault ait exécutés.

Sur le cartel, elle lut *Portrait d'un inconnu* et *Portrait d'un imbécile*. Le premier, un cadre vide autour duquel flottaient deux ballons rouges. Le second, une glace sans tain ornée d'un cierge qui se consumait doucement. Au mur, un morceau de bitume ramassé dans la rue. Plus loin, il avait accroché un petit format peint glané sur les quais de la Seine. Elle reconnut sur la droite les tableaux de Max Ernst.

– Regardez, André, comme Max s'est renouvelé depuis notre petite exposition !

Breton fendit la foule et disparut. Soupault se livra alors à un petit numéro, jouant le rôle du président de la république du Libéria qui serait venu visiter l'exposition. Il portait une cagoule noire un peu effrayante. Simone savait que c'était lui, elle l'avait déjà vu faire au Certa. Il avançait, tendant des bougies aux visiteurs. Aragon et Ribemont-Dessaigne se gaussaient. Soupault vociféra.

– Je vous en supplie, sortez tous pour me faire plaisir et assainir la galerie !

On entendit « Tas d'imbéciles, à mort Dada ! ». Ce qui eut pour effet d'exciter Tzara comme un gosse. Simone applaudit et chercha André. Elle ne le savait pas, mais il était revenu et s'était tenu derrière elle pendant tout le temps de la représentation. Elle l'attrapa par le bras, fermement.

– Venez, allons quai de Bourbon, partons.

Tête baissée, il la suivit, et referma son manteau.

Dans la rue, ils ne parlèrent pas. Leurs corps, lourds, pesaient un baril. La ville, qui jusqu'ici avait été leur alliée, semblait aujourd'hui inhospitalière. Comme deux automates, ils avançaient. Il y avait tant à dire, pourtant rien ne venait. Les mots qui autrefois les reliaient les avaient désertés. Par où commencer ? Un gouffre semblait s'être creusé entre eux. Plus aucun terrain commun n'existait. L'entente disparue, la connivence éteinte. Le porche les avala et, toujours plus silencieux que la mort, ils montèrent les quelques marches qui les séparaient de l'appartement. Là, ils trouvèrent la force de se regarder. Breton ouvrit une bouteille de Sauternes, sortit deux verres, alluma une cigarette. Simone, du regard, lui en demanda une. Ils avaient retiré leur manteau et leurs souliers. Simone s'étendit de tout son long sur le canapé vert. Elle prit cette liberté. Elle ferma les yeux et dans un soupir, invita de la main Breton à s'étendre à côté d'elle. Il refusa. À présent, il s'affairait dans la cuisine, ouverte sur le salon. Elle entendait chacun de ses bruits, chacun de ses pas. Puis, il s'assit, un verre à la main, en face d'elle. Il attendit, longtemps, qu'elle ouvrît les yeux. La pièce sentait le tabac froid, elle toussa. Se rassit.

– Fraenkel s'est confié à moi parce qu'il ne voulait pas me laisser dans le noir.

– Que vous a-t-il dit, au juste ?

– Tout, tout... Que vous voyez Voldemar tous les jours, Dieu sait ce que vous faites ensemble. Que vous avez failli avoir un enfant tous les deux. Tout, je crois. À moins que vous ne me cachiez encore autre chose.

– Oui, je le vois beaucoup. Oui, j'ai avorté. Mais en quoi tout cela vous concerne-t-il ? Il n'y a pas de secret, André. Aucun secret. Je ne vous ai pas caché que je le voyais. Il en a besoin. J'en ai besoin.

Elle buvait trop vite et ne choisissait plus ses mots. Le vin répondait à sa place. Et le liquide coulait entre eux, les séparant plus encore. Breton s'assit à côté d'elle.

– Laissez-moi, Simone.

Elle rassembla ses quelques affaires. Et, comme une personne ivre, parla très fort.

– Par ma faute, il a failli se tuer, par ma faute, mais je devrais dire par votre faute, vous m'avez séduite, vous m'avez forcée à vous aimer, vous m'avez fait du chantage affectif. En quoi vous dire que nous avons failli avoir un enfant ensemble, que nous n'avons d'ailleurs pas eu, en quoi cela vous regarde-t-il ? C'est trop facile, André, trop facile de me faire des reproches.

Elle claqua la porte. Dans la précipitation, elle oublia son chapeau. Dans la rue, elle tituba, elle ne savait plus comment regagner le domicile parental. Elle héla un taxi et eut grand-peine à prononcer son adresse. Sur la plage arrière, elle regardait les immeubles noirs qui semblaient bouger au-dessus d'elle. Son monde s'effondrait.

La première personne qu'elle appela le lendemain matin fut Bianca.

– Bianca, tu t'es comportée en traître. Il va me falloir un bon moment avant d'avoir envie de te revoir.

Elle ne laissa pas Bianca répondre et raccrocha. Elle était à présent une ombre. Seule, mais pas solitaire car elle n'avait pas choisi la solitude. Elle fit semblant d'avoir mille choses à faire, s'occupa comme elle put. Se mentit à elle-même. Descendit les poubelles. Dans la cage d'escalier, alourdie par les ordures, elle s'assit sur une des marches et fondit en larmes. Toutes ses certitudes avaient pris l'eau. Elle ne pouvait aller à son cours d'aérobic de peur de croiser Bianca. Elle ne pouvait aller à la séance dada de peur d'y croiser Breton. Elle remonta et, acculée par le vide, se laissa tomber de tout son poids sur la méridienne. Elle avait l'appartement pour elle, ses parents étaient partis pour la journée visiter la cathédrale de Reims. Autour d'elle, le néant l'avait rattrapée. Elle était mal fagotée, n'avait pas pris la peine de se coiffer. Elle portait de vieilles chaussures démodées, n'était pas maquillée. Elle enfila un pardessus un peu décati et partit à la rencontre de Voldemar avec qui elle avait rendez-vous. Elle le trouva au fond d'un troquet, un misérable troquet. Elle commanda un café et la tasse qui arriva était ébréchée.

– Simone, je serai bref. Vous voir me fait plus de mal que de bien. J'attends de vous autre chose que de l'amitié. Vous ne me le donnerez jamais. Nous ne nous verrons plus.

Il appuya son front sur le sien et partit aussi vite. Assommée, face à face avec l'absence des vivants, elle se fit l'impression d'une demi-morte. Elle avait tout perdu. Elle eut envie de courir dans les bras de Denise. Elle fit son bagage et décida dans le désespoir d'aller à Sarreguemines. À la gare de l'Est, elle voyait trouble, courait pour ne pas rater son train, bousculait les passants. Assise, dans le wagon, elle se rendit compte qu'elle n'avait plus son bagage. Il n'était nulle part. Elle n'avait plus d'affaires avec elle, n'était pas sûre que Denise fût à Sarreguemines, n'avait pas pris la peine ni de lui écrire ni de l'appeler. Elle était dans ce train et personne ne l'attendait. Elle arriva, trouva porte close. La petite famille était repartie pour Strasbourg. Comme si elle eut perdu la raison, elle tapa de toutes ses forces au carreau, tenta d'enfoncer la porte, et cria. Elle hurlait. Dans le jardin désolé, elle s'assit sur le banc de pierre et fondit à nouveau en larmes. Elle était effrayée par ces larmes, leur existence même, le mot même, cette sève qui s'écoule par des plaies accidentelles ou à la suite de la taille des arbres fruitiers. Désespérée, elle reprit le chemin de la gare, les pieds froids, engourdis, mais loupa le dernier train.

Simone ne savait plus quoi faire, ne connaissait personne à Sarreguemines. Dans un dernier sursaut et espoir, elle alla au Lion d'Or pour demander au patron s'il pouvait l'héberger. Sans argent, il ne pouvait pas faire grand-chose pour elle. Alors, elle marcha, marcha longtemps. Pas de livre, pas de quoi écrire, pas de quoi téléphoner. Elle le supplia de la laisser appeler ses parents qui devaient être rentrés de Reims. Il refusa. Le destin s'acharnait. Elle n'avait pas été juste avec Breton, elle le payait. Elle n'avait encore jamais passé une nuit dehors. Jamais connu tel inconfort. Ses doigts étaient durcis, gelés par la fraîcheur du petit soir. Ses pieds cabossés cognaient contre le pavé. L'estomac vide, elle n'avait même plus la force de pleurer. Comme une bannie, exilée, elle sortit de la ville qui l'avait rejetée et rejoignit machinalement le petit chemin où Breton et elle avaient pédalé. Elle cherchait dans ce chemin une terre connue. Elle se remémora leurs chants, leurs mots, leurs rires. Ce moment où ils étaient tombés l'un sur l'autre au pied de cet arbre. Ce moment où elle avait compris qu'elle ne pourrait vivre sans lui. Elle eut mal, un mal terrible au cœur comme si un bout de bois s'y fut logé. Alors, elle s'assit au pied de l'arbre comme au pied de ses souvenirs, plia son pardessus et s'endormit, malgré sa peur et son effroi.

Elle fut réveillée par un bâton qui lui tapota le dos. Un jeune homme fondit sur elle.

Il avait le visage épais et buriné d'un homme qui passait son temps aux champs. Elle tenta de se relever mais, déjà, il s'était allongé sur elle. Elle sentit sa main se glisser entre ses cuisses. Une main froide et sèche. Une main qui promettait la terreur. Il était ferme, dur. Il avait la lâcheté des hommes perdus, il avait la détermination raide. Il arracha ses dessous, déchira sa culotte. Elle appela au secours. La campagne était vide et blanche. Les alentours sourds à ses appels. Il étouffait de ses mains paysannes ses cris. Elle fut sauvée par un groupe d'enfants. Ils chantaient, ils sautaient. À leur passage, il partit en courant, le pantalon encore baissé au niveau des chevilles. Elle fut sauvée par la candeur, sauvée par une gentille troupe. Elle prit le premier train pour Paris.

Sur le paillasson une lettre l'attendait. Elle ne l'ouvrit pas. Ses parents étaient rentrés. Ils ne s'étaient pas rendu compte que Simone n'avait pas dormi là. Ils n'avaient pas poussé la porte de sa chambre, une fois de retour. Elle tut le sordide. Elle garda pour elle la terreur, elle était muette et dans ce silence noir se logeait une peur ancienne, celle d'être opprimée par une force supérieure à elle. L'homme écrase la femme, elle ne fait pas le poids et, toujours subalterne, le paie physiquement de sa personne. Elle était une victime, une simple victime. Prise au dépourvu et agressée dans son sommeil, au moment où elle était le plus vulnérable. Elle était exténuée, mais ne trouva pas le sommeil. La peur avait raidi son corps et son cœur ne s'était pas arrêté de battre fort. Elle était en état de choc, freinée dans la course de la vie. Et craignait de revivre inlassablement cette scène. Elle se revoyait, au sol, la culotte déchirée, elle se souvenait de l'odeur de la terre, de la texture de cette main, du froid qui avait saisi ses cuisses, de la peur de mourir, de finir sous cet arbre désormais maudit, abîmée pour toujours.

Depuis cette nuit, ses lèvres étaient gelées. Dans le reflet du miroir de sa chambre, elles étaient bleuies. D'un bleu qui tirait vers le violet. Ecchymose, bleu, la douleur avait une couleur. Elle était depuis la veille dans un immense trou sauvage et humait encore l'air terrifiant de la campagne. Elle eut envie, besoin, de voir Breton, de retrouver ses paumes chaudes, brûlantes. Recouvrir l'inconnu de connu. Chasser le détestable grâce à la douceur. Sa bouche se cognait au vide. Il fallait qu'elle s'excuse, qu'elle se dédise et revienne sur les paroles injustes qu'elle avait eues.

Elle avait eu tort, affreusement tort. Ses mots avaient dépassé sa pensée. Sa colère avait produit un verbe qu'elle pensait à présent irréparable.

Elle remit son sort aux mains du hasard et misa sur sa présence à la prochaine séance dada. Tout de lui lui manquait. Sa peau avant toute chose, son rire, jusqu'à son haleine, cette odeur de pain chaud et de vinaigre, ses yeux intelligents, sa barbe de trois jours qui augurait des baisers râpeux. Tout ce qu'elle voyait, touchait, entendait la ramenait à lui. Elle arriva, ne le vit pas. Sa déception la plongea dans une tristesse ineffable. Elle se sentit plus seule qu'un épouvantail dans un champ en hiver. Elle courut dans Paris, trébucha, courut encore. Tous ses membres le réclamaient. Son absence était d'une violence sans nom. Alors, elle se rendit à son domicile, dans un dernier élan avant le vide. Arrivée devant la porte, elle tapa à la fenêtre de la concierge. Personne. Elle cria. Personne. Elle rentra chez elle, foudroyée par la crainte de ne jamais le revoir et se décida à ouvrir la lettre qu'elle avait reçue.

Simone, vous avez quelques affaires chez moi, venez les récupérer à mon retour de Lorient, à partir de mardi prochain. André

Il lui faudrait attendre deux jours. Elle ne voulait pas récupérer ses affaires. Elle ne voulait pas tourner le dos à la saveur de leur relation, à l'extase de leur amour. Qu'avait-elle oublié chez lui ? Son chapeau ? Peut-être. Elle voulait croire que c'était là une excuse pour la revoir, mais elle eut peur d'espérer. Voulait-il se séparer d'elle, reléguer leur histoire au passé ? Elle avait saboté leur histoire, elle avait sali leur souvenir. Elle avait tiré à la carabine dans sa propre bouche. Elle avait défiguré son avenir et mis un point final au désir. Elle regarda le piano comme on regarde une terre désolée et lointaine. Il était silencieux. Alors, elle pensa aux morceaux qu'elle avait joués pour Breton. Elle se remémora la fois où ils avaient pleuré ensemble d'émotion sur du Satie. Il lui avait glissé un baiser dans la nuque. Tout son corps avait frissonné.

Elle avait été infâme, elle ne se le pardonnerait jamais. Il fallait à présent qu'elle trouve les mots pour qu'il se souvienne d'eux. Pour qu'il revienne se blottir contre elle, qu'il retrouve l'envie de l'embrasser. Qu'il reprenne sa main dans la sienne.

Breton lui téléphona.

– Simone, vous avez oublié votre chapeau, j'aimerais que vous le récupériez. Vous pouvez passer à 17 heures tout à l'heure ?

Elle ne répondit rien, raccrocha.

Sur le palier, elle essuya ses pieds. Elle était arrivée en avance. Elle l'entendait derrière la porte. Elle attendit 17 heures avant de sonner.

– Simone, vous êtes là...

– Je me fous de ce chapeau, vous auriez pu le jeter, André, soupira-t-elle.

Il était pâle.

Elle se jeta sur lui, à ses pieds.

– André, je vous en supplie, André, j'ai parlé sous le coup de l'émotion. Évidemment que ce n'est pas votre faute s'il a tenté de se suicider. Évidemment que non. Je vous aime, je vous aime affreusement, terriblement, démesurément, André, laissez-moi me faire pardonner. Et puis, décidément, il est affreux, ce chapeau.

André avait repris des couleurs. Il souriait presque. Mais sa réponse, pourtant, demeura glaciale.

– Je dois réfléchir, j'ai besoin de temps, Simone.

La pénombre de l'appartement jetait sur eux une triste lumière. Elle se sentait laide. Ils entendirent un cheval passer.

– Venez vous promener avec moi, André.

Il réfléchit, s'assit et, pensif, accepta.

– Où ?

Le ton s'était adouci. Simone laissait voguer son regard sur les vaguelettes en contrebas. La Seine était grise. Et sous son crâne, la houle. Elle se risqua à lui prendre la main.

– Je vous ai cherché à la dernière séance dada. Et puis j'ai couru jusque chez vous.

– Bianca m'a dit que vous étiez en froid, il ne faut pas rester fâché. Les conflits mènent au degré zéro de la vie. Appelez-la.

– Je le ferai. Elle me manque. Mais sans son indiscrétion nous serions toujours ensemble. Quel besoin elle avait de vous raconter cet épisode intime de ma vie. Je n'avais pas envie de pathos. Pas envie de vous mêler à ce passé. Que j'ai avorté ne vous regarde pas. Et l'apprendre par quelqu'un d'autre a dû vous être terrible.

– Vous avez dû bien souffrir, mon oiseau, prononça-t-il tout bas.

– Et tout ce temps où je n'étais plus votre oiseau, j'étais un affreux vautour, perdu et affamé.

– Venez, Simone, remontons.

Ils avaient à peine quitté l'appartement qu'ils le regagnèrent. Et doucement, André enleva le pardessus de Simone, le fit glisser délicatement sur ses épaules. Ôta son chandail, lui défit lentement ses lacets. D'un geste sûr, viril, lui détacha sa jupe. À genoux, il enfouit sa bouche entre ses cuisses. Il la caressait du bout des doigts. Effleurait le grain de sa peau, si douce, si tendre. À son contact, elle eut la chair de poule. Des larmes coulaient sur leurs visages chauds. Ils ne se voyaient plus mais sentaient tout. Comme deux aveugles, ils se touchaient, au hasard, ici un nez, ici une bouche. Il l'allongea, les os de Simone craquèrent. Nue, elle était belle. Rosée. Encore un peu fragile. Leurs souffles étaient à présent accordés. Et, comme s'ils ne se furent jamais quittés, ils se remirent à voir le monde des mêmes yeux. Ils pleuraient ensemble, ne cessaient de pleurer. Pour la première fois, elle vit son sexe. Tendu, se déportant un peu sur la droite. Une goutte de son excitation affleurait. Le liquide perlait, elle le but. Elle lui maquilla le sexe de sa bouche rouge, ils étaient allongés sur le sol, un peu froid. Le parquet grinçait en réponse à leurs gestes. Ils n'étaient pas lourds, ils lévitaient du bonheur de leurs retrouvailles. Les larmes s'étaient arrêtées de couler. Elle sentit un doigt se glisser en elle, elle était moite, il n'avait pas de mal à glisser. Il lécha ses tétons, les aréoles se durcirent sous sa langue. Une heure où les mains remplacèrent les mots. Le plafond, les murs, n'existaient plus, seul le ciel les bénissait. Une pluie fine tombait, faisant chanter les fenêtres. Les confinant, les autorisant à rester mille ans, nus et seuls.

Composition et mise en pages
Nord Compo à Villeneuve-d'Ascq

Achevé d'imprimer en France
par CPI Firmin-Didot
en mai 2021
N° d'impression : 163911